EL LIBRO
DE MIS ORACIONES

Preparado por
HERIBERTO JACOBO M.

CLXI *Edición*

SAN PABLO

Pude imprimirse
Juan Manuel Galaviz H.,SSP.
Provincial de la Sociedad de San Pablo
México, D. F., 3-VII-1983

Nada obsta
Juan Manuel Galaviz H., SSP
Censor
México, D. F., 3-VII-1983

Imprímase
+Francisco Orozco L.
Vicario General del Arzobispado de México
México, D.F.,22-VII-1983

Primera edición, 1983
157ª edición, 2003

D. R. © 1983 by EDICIONES PAULINAS, S. A. de C. V.
Av. Taxqueña 1972 - Deleg. Coyoacán - 04250 México, D. F.

Impreso y hecho en México
Printer and made in Mexico

ISBN: 970-612-122-6

PRESENTACION

La vida del cristiano debe ser una imitación de la vida de Cristo, nuestro Maestro. Ahora bien, el Hijo de Dios nos enseñó, con el ejemplo y la palabra, a dirigirnos con confianza al Padre que está en los cielos y a practicar, en toda ocasión de la vida, una oración hecha de fe: "El Señor Jesús, que pasó por la tierra haciendo el bien y anunciando la Palabra, dedicó por el impulso del Espíritu, muchas horas a la oración, hablando al Padre con filial confianza e intimidad incomparable y dando ejemplo a sus discípulos, a los cuales expresamente enseñó a orar. El cristiano, movido por el Espíritu Santo, hará de la oración motivo de su vida diaria y de su trabajo; la oración crea en él actitud de alabanza y agradecimiento al Señor, le aumenta la fe, lo conforta en la esperanza activa, lo conduce a entregarse a los hermanos y a ser fiel en la tarea apostólica, lo capacita para formar comunidad. La Iglesia que ora en sus miembros se une a la oración de Cristo" (Puebla, 932).

Recordemos también los ejemplos y recomendaciones de los Apóstoles, de los Padres de la Iglesia y de los Santos que dejaron una huella en la historia del cristianismo: En primer lugar a San Pablo que escribió en una de sus cartas: "No se preocupen de nada; basta que *ustedes hagan saber sus apuros al Señor en sus oraciones y súplicas acompañadas de acción de gracias" (Filipenses 4,6).*

Con este fin ofrecemos EL LIBRO DE MIS ORACIONES, que es, sencillamente, una recopilación de las principales oraciones, tradicionales y modernas, y de las devociones de mayor uso en el pueblo cristiano.

Estamos seguros que será un valioso instrumento para el diálogo con el Señor, que no es otra cosa la oración, como la definieron los antiguos Padres de la Iglesia.

Finalmente queremos recordar algo muy importante: Cada vez que recitemos alguna oración, nuestro pensamiento y nuestros afectos deben estar en sintonía con lo que decimos con los labios, así subirá al Señor una alabanza digna de El como expresión sincera de nuestro corazón.

LOS EDITORES

I.

ORACIONES DE CADA DIA

1. ORACIONES DE LA MAÑANA

Señal de la Cruz

PERSIGNARSE: Por la señal † de la Santa Cruz, de nuestros † enemigos, líbranos † Señor Dios Nuestro.

SANTIGUARSE: En el nombre del Padre, † y del Hijo y del Espíritu Santo. Amén.

Padre Nuestro

Padre nuestro, que estás en el cielo, santificado sea tu Nombre; venga a nosotros tu reino; hágase tu voluntad en la tierra como en el cielo. Danos hoy nuestro pan de cada día; perdona nuestras ofensas, como también nosotros perdonamos a los que nos ofenden; no nos dejes caer en la tentación, y líbranos del mal.

Ave María

Dios te salve, María, llena eres de gracia, el Señor es contigo, bendita tú eres entre todas las mujeres, y bendito es el fruto de tu vientre, Jesús.

7

Santa María, Madre de Dios, ruega por nosotros los pecadores, ahora y en la hora de nuestra muerte. Amén.

Gloria al Padre

Gloria al Padre, y al Hijo, y al Espíritu Santo. Como era en el principio, ahora y siempre, por los siglos de los siglos. Amén.

Credo

Creo en un solo Dios, Padre todopoderoso, Creador del cielo y de la tierra, de todo lo visible y lo invisible. Creo en un solo Señor, Jesucristo, Hijo único de Dios, nacido del Padre antes de todos los siglos: Dios de Dios, Luz de Luz, Dios verdadero de Dios verdadero, engendrado, no creado, de la misma naturaleza del Padre, por quien todo fue hecho; que por nosotros, los hombres, y por nuestra salvación bajó del cielo, y por obra del Espíritu Santo se encarnó de María, la Virgen, y se hizo hombre; y por nuestra causa fue crucificado en tiempos de Poncio Pilato, padeció y fue sepultado, y resucitó al tercer día, según las Escrituras, y subió al cielo, y está sentado a la derecha del Padre; y de nuevo vendrá con gloria para juzgar a vivos y muertos, y su reino no tendrá fin. Creo en el Espíritu Santo, Señor y dador de vida, que procede del Padre y del Hijo, que con el Padre y el Hijo recibe una misma adoración y gloria, y que habló por los profetas. Creo en la Iglesia, que es una, santa, católica y apostólica. Confieso que hay un solo bautismo, para el perdón de los pecados. Espero la resurrección de los muertos y la vida del mundo futuro. Amén.

Salve

Dios te salve, Reina y Madre de misericordia, vida, dulzura y esperanza nuestra, Dios te salve. A ti llamamos los desterrados hijos de Eva, a ti suspiramos, gimiendo y llorando, en este valle de lágrimas. Ea, pues, Señora, abogada nuestra, vuelve a nosotros esos tus ojos misericordiosos, y después de este destierro muéstranos a Jesús, fruto bendito de tu vientre. ¡Oh clemente, oh piadosa, oh dulce Virgen María! Ruega por nosotros, Santa Madre de Dios, para que seamos dignos de alcanzar las promesas de Nuestro Señor Jesucristo. Amén.

Ofrecimiento a la Virgen

Bendita sea tu pureza
y eternamente lo sea;
pues todo un Dios se recrea
en tan graciosa belleza.
A ti, celestial Princesa,
Virgen Sagrada, María,
yo te ofrezco en este día
alma, vida y corazón.
Mírame con compasión;
no me dejes, Madre mía.

Oración al despertar

¡Padre! Me acabo de despertar para ti.
Tú eres hoy mi primer pensamiento.

9

Y es "Padre" la primera palabra salida de mis labios esta mañana.

Jesucristo, Hijo único del Padre, tu gozo fue siempre en la tierra

hacer en todo la voluntad de tu Padre;

quisiera ser hoy tu fiel compañero,

confiando en tu Palabra e imitándote en la obediencia.

Madre de Jesús, Santísima Virgen María, también tu gozo estuvo siempre

en mostrarte en todo como la sierva fiel del Señor.

Que tu ejemplo me estimule; y que uniendo tu vida a la mía

trate siempre de reconocer y cumplir la voluntad de Dios. Amén.

(Juan Miguel Sailer)

**Ofrecimiento de nuestras obras
al Sagrado Corazón**

Señor Jesús, por el Corazón Inmaculado de María, Madre nuestra, me consagro a tu corazón y contigo al Padre, mediante el Espíritu Santo, en tu Santo Sacrificio del Altar, con mi oración y mi trabajo, sufrimientos y alegrías de hoy, en reparación por nuestros pecados. Y para que venga a nosotros tu reino. Te pido en especial por el Papa, y las intenciones que ha confiado este mes, al Apostolado de la Oración. Amén.

Oración de la entrega total

Dios mío, ignoro absolutamente lo que hoy me va a suceder. Pero sé con certidumbre que nada puede sucederme que tú no lo tengas previsto, regulado y ordenado desde toda la eternidad: esto me basta. Adoro tus impenetrables y eternos designios y los acato con todo mi corazón. Todo lo quiero, todo lo acepto y uno mi oblación al sacrificio de Jesucristo, mi divino Salvador.

Te pido en su nombre y por sus méritos infinitos, paciencia en mis pruebas, y una perfecta y entera sumisión a todo cuanto me quiera enviar tu bondadosa Providencia. Amén.

(San José Pignatelli)

Al Angel de la Guarda

Angel de Dios, que eres mi custodio, pues la bondad divina me ha encomendado a ti ilumíname, dirígeme, guárdame. Amén.

Para pasar bien el día

Querida y tierna Madre mía, María, ampárame; cuida de mi inteligencia, de mi corazón, de mis sentidos, para que nunca cometa el pecado. Santifica mis pensamientos, afectos, palabras y acciones, para que pueda agradar a ti y a tu Jesús y Dios mío, y contigo llegue al Paraíso. Jesús y María, denme su santa bendición: En el nombre del Padre, y del Hijo, y del Espíritu Santo. Amén.

2. MOMENTOS DE ORACION

Acto de fe

Creo en Dios Padre; creo en Dios Hijo; creo en Dios Espíritu Santo; creo en mi Señor Jesucristo, Dios y Hombre verdadero.

Acto de esperanza

Espero en Dios Padre; espero en Dios Hijo; espero en Dios Espíritu Santo; espero en mi Señor Jesucristo, Dios y Hombre verdadero.

Acto de caridad

Amo a Dios Padre; amo a Dios Hijo; amo a Dios Espíritu Santo; amo a la Santísima Trinidad; amo a mi Señor Jesucristo, Dios y hombre verdadero; amo a María Santísima, Madre de Dios y Madre nuestra; y amo a mi prójimo como a mí mismo.

Acto de contrición

Señor mío y Dios mío: reconozco que soy pecador; he pecado contra ti y contra mi prójimo. Me arrepiento del mal que he hecho, porque me hice indigno de tu amor y merecedor de tu castigo. Confío en tu misericordia porque tu Hijo Jesús murió por mí en la cruz. Te pido que me perdones e imploro tu gracia para cumplir mi propósito de no ofenderte más.

Aceptación de la voluntad de Dios

Señor, yo acepto de tu amor, con ánimo y gustoso, cualquier género de vida y muerte que quieras darme, con todas sus amarguras, penas y dolores. Como prueba de amor para unirme a tu redención por mí y mis hermanos, y con la esperanza luminosa de la eterna felicidad junto a ti. Amén.

Señor, tú siempre trabajas conmigo

Señor, tú siempre piensas en mí
y yo nunca pienso en ti.
Tú siempre estás conmigo
y yo nunca estoy contigo.
Tú siempre trabajas conmigo
y yo nunca trabajo por ti.
Señor,
soy un discípulo tan distraído
y un alumno tan olvidadizo...
La lección de tu presencia invisible,
me la has de repetir a cada hora del día,
porque a cada instante se me olvida.
Que aprenda yo a verte allí donde estás,
hasta el día en que mi ansia creciente de encontrarte
y a mi pregunta mil veces repetida:
"Señor, ¿dónde habitas?"
Tú me respondes admitiéndome
para siempre en tu eterna intimidad.

(I. H.)

Señor, dame la gracia de vivir alegre

Señor, concédeme la gracia
de vivir siempre alegre a tu servicio,
a pesar de las fatigas y contrariedades;
que te encuentre a menudo en mis ocupaciones,
ya que no las emprendo sino por amor y servicio
de tu Divina Majestad. Amén.

Señor, ayúdame a encontrarte

Señor, ayúdame a encontrarte.
Dame ese instinto delicado,
que me lleve a amar las cosas santamente,
y me permita llegar a comprenderlas
y aceptar sus suaves y eficaces lecciones…
Verbo de Dios Padre, que quisiste hacerte hombre;
me asemejaré a ti cuanto más en mí el hombre se
    perfeccione,
cuanto más en mí el hombre se divinice.
A la manera de los cristianos,
me gustaría, Señor, hacer contigo una oración a
través de las cosas de este mundo tuyo.
Sé que en ellas te encontraré
porque si es difícil saber donde estás,
es imposible saber dónde no estás.

(Ch. de Foucauld)

Oración del abandono en Dios

Divino Resucitado.
Tú que, después de expiar el pecado con tus
    sufrimientos,

14

venciste a la muerte con tu triunfo.

Tú, que glorioso desde este día, vives tan sólo
    para tu Padre:

ven a mí y opera la destrucción del pecado y de
    mis infidelidades,

ven a mí y acrecienta el desapego de todo lo que
    no seas tú,

ven, hazme partícipe de la superabundancia de
    vida que desbordante se derrama de tu santa
    humanidad;

así cantaré contigo un himno de acción de gracias
    a tu Padre

que te ha coronado, como nuestro Jefe y nuestra
    Cabeza en ese día de gloria y de honor.

Amén.

(Columba Marmión)

Oración de entrega a Dios

Padre, me pongo en tus manos, haz de mí lo
que quieras, sea lo que sea, te doy las gracias.

Estoy dispuesto a todo, lo acepto todo, con tal
que tu voluntad se cumpla en mí, y en todas tus
creaturas, no deseo nada más, Padre.

Te confío mi alma, te la doy con todo el amor
de que soy capaz, porque te amo.

Y necesito darme, ponerme en tus manos sin
medida, con una infinita confianza, porque tú
eres mi Padre. Amén.

(Ch. de Foucauld)

Oración de petición

Señor, te pido que no me sorprenda la muerte en la mitad del camino que me conduce a ti. Que muera cuando terminen mis días. Después de haber cumplido todos mis deberes; y después que mi vida haya llegado al fin en el que tu Providencia ha designado para mí. Hazme comprender que lo que cuenta es llegar a este momento en tu santa gracia. Amén.

Oración en ruta

Jesucristo,
Maestro y amigo:
Somos viajeros a la inmortalidad
que estamos ya en ruta.
Orienta nuestro camino,
impulsa nuestro entusiasmo
y haz, Señor,
que pasemos por el mundo
sembrando el bien.
Santa María de la juventud nueva,
danos un corazón noble y generoso, una mirada transparente,
una vida fecunda.
¡Santa María de las almas grandes!
¡Estamos en ruta!
¡Santa María de la juventud!
¡En ruta hacia Dios!
Amén.

(García-Salve)

16

Oración de la cumbre

¡Señor de las cumbres,
mi Dios de las montañas!
Frente al cielo inmenso
escabel de tus pies,
yo digo mi oración encendida:
Hazme un joven ávido de altura y plenitud,
recio como estos picachos altivos,
amigo del silencio,
contemplador de estrellas.
Hazme generoso;
que me quede en la cumbre;
que baje iluminado, lleno de tu verdad
y ayude en el valle a mis hermanos.
Dame un corazón grande como el horizonte,
indómito para la injusticia y la mentira,
sediento de infinito
que sólo en ti se sacie.
Amén.

(García-Salve)

"Sed fieles a vuestras oraciones diarias: ellas
mantendrán vuestra fe viva y vibrante y os
ayudarán a esperar y a amar..."
Juan Pablo II.

3. ORACION DEL MEDIODIA

El Angelus

–El ángel del Señor anunció a María;
–*Y concibió por obra del Espíritu Santo.*
 Dios te Salve María...
–He aquí la esclava del Señor;
–*Hágase en mí según tu palabra.*
 Dios te salve María...
–El Verbo se hizo hombre;
–*Y habitó entre nosotros.*
 Dios te salve María...
–Ruega por nosotros, Santa Madre de Dios;
–*Para que seamos dignos de alcanzar las promesas de nuestro Señor Jesucristo.*

ORACION

Derrama, Señor, tu gracia sobre nuestros corazones; para que quienes hemos conocido, por el anuncio del Angel la Encarnación de tu Hijo Jesucristo, lleguemos, por su pasión y cruz, a la gloria de la resurrección. **Por Jesucristo nuestro Señor. Amén.**

Regina coeli

Oración que se dice en el Tiempo Pascual.

–Reina del cielo, alégrate, aleluya;
–*Porque Aquel a quien mereciste llevar en tu seno, aleluya.*

18

–Resucitó según lo predijo, aleluya;
–Ruega a Dios por nosotros, aleluya.
–Alégrate, Virgen María, aleluya;
–Porque el Señor realmente ha resucitado,
  aleluya.

ORACION

Oh Dios, que te has dignado alegrar al mundo con la resurrección de tu Hijo Jesucristo, te rogamos nos concedas que por la intercesión de su Madre, la Virgen María, alcancemos la felicidad de la vida eterna. Por el mismo Cristo Nuestro Señor. Amén.

Oración a las tres de la tarde

Oh Jesús, que en tu cruz has demostrado
tu gran amor, tu gran misericordia;
y tu fuerza nos das para seguirte
por el mismo camino hacia la gloria.

Que fielmente cumplamos en tu Iglesia
nuestra parte en tu obra salvadora,
y, al llegar a la tarde de la vida,
en gozo eterno el Padre nos acoja.

Gracias, Padre, a ti porque nos llamas,
a Jesús, que en su sangre nos redime,
y al Espíritu Santo, luz y guía
de este pueblo que al cielo se dirige.
Amén.

19

Señor, continuaré en el trabajo

Yo, Señor, continuaré en la dura brega
que tanto bien produce a mis hermanos,
para que mi trabajo oscuro cotidiano
suba a ti cada día como una ardiente oración.

Para que recen mis brazos, manejando el martillo,
o bien mis dedos, volando de tecla en tecla
sobre el teclado de mi máquina;
para que rece mi pobre alma,
al sentirse prisionera,
yo me detendré un instante, al anochecer o entre
    día,
en el taller, en la calle, en la oficina, para ver con
    los ojos de Cristo a mis hermanos en torno,
        para ofrecerte todo el bien que ellos hacen
y llorar sobre tu pecho por sus pobres pecados.

Yo soy en la muchedumbre, en el ajetreo, en la
    masa,
el que, unido con Cristo, humildemente,
tomo sobre mis hombros todo lo que es humano.

(Henri Godin)

Señor, amigo mío

Señor, amigo mío,
me has cogido de la mano.
Iré contigo
sin miedo alguno
hasta el final del camino.

Contigo avanzo
entre el viento y el frío.
Avanzo, nada me importa:
te llevo en el corazón
conmigo.

Todo es danzar,
reír y placer.
Pero yo prosigo
buscando tu rostro
entre griterío.
Caminaré ligero
entonando mi canción.
Sé que tú me esperas
a la vera
de tu bella mansión.

Ahí estás tú.
Sí, estoy cierto.
Veo tu rostro y la mesa
donde están colocados
dos cubiertos.

(P. Duval)

Dios nos habla sin cesar; jamás se calla. Sólo el alma atenta y recogida escucha sus palabras. La oración se nutre de silencio. Silencio de los sentidos, silencio de las pasiones, silencio del corazón.

4. ORACIONES DE LA TARDE

Cántico de las creaturas

Altísimo, Omnipotente, buen Señor,
tuya es la alabanza, la gloria y el honor
y toda bendición.

A ti solo, Altísimo, se dirijan
al nombrarte.

Alabado seas, mi Señor, por todas tus creaturas,
y especialmente por nuestro Hermano Sol,
que hace amanecer y nos ilumina con su luz.

Pues él es bello y radiante
con esplendor grande:
y de ti, Altísimo, nos da una imagen.

Alabado seas, mi Señor, por la Hermana Luna
    y las estrellas,
que en el cielo creaste luminosas,
bellas y preciosas.

Alabado seas, mi Señor, por el Hermano Viento
y por el aire, las nubes y el buen tiempo,
por el cual a tus creaturas das el alimento.

Alabado seas, mi Señor, por la Hermana Agua
y preciosa y casta.

Alabado seas, mi Señor, por el Hermano Fuego,
por el cual iluminas la noche;
y es bello y alegre, poderoso y fuerte.

Alabado seas, mi Señor, por nuestra Hermana la
    madre Tierra,
que nos sustenta y rige y produce diversos frutos
con coloridas flores y praderas.

Alabado seas, mi Señor,
por aquellos que perdonan por tu amor,
y soportan enfermedad y tribulación.

Felices aquellos que sufrieron en paz,
pues por ti, Altísimo,
serán coronados.

Alabado seas, mi Señor,
por nuestra Hermana la Muerte corporal
de la cual ningún viviente se puede librar.

¡Ay de aquellos que mueren en pecado mortal!
Felices aquellos que encuentre en tu santa vo-
    luntad,
pues la Muerte Segunda no les hará mal.
Alabad y bendecid a mi Señor, y dadle gracias y
servidle con gran humildad.

(San Francisco de Asís)

Oración de confianza

Señor, tú lo eres todo
y yo no soy nada.
Tú eres el Creador de todas las cosas,
tú el que conservas todo el universo,
y yo no soy nada.

(San Francisco de Asís)

Oración de San Francisco de Asís

Tú eres santo, Señor Dios único,
que haces maravillas.

Tú eres fuerte, tú eres grande, tú eres altísimo.
Tú eres Rey omnipotente,
Tú eres Padre santo, Rey del cielo y de la tierra.
Tú eres trino y uno,
Señor Dios, todo bien,
Tú eres el bien, todo bien, sumo bien,
Señor Dios, vivo y verdadero.

Tú eres caridad y amor. Tú eres sabiduría.
Tú eres humildad, tú eres paciencia,
Tú eres seguridad, tú eres quietud.
Tú eres gozo y alegría.
Tú eres justicia y templanza.
Tú eres todas nuestras riquezas a satisfacción.
Tú eres hermosura, tú eres mansedumbre.

Tú eres protector, tú eres custodio y defensor.
Tú eres fortaleza, tú eres refrigerio.

Tú eres esperanza nuestra, tú eres fe nuestra.
Tú eres deleite nuestro.
Tú eres la vida eterna nuestra,
grande y admirable, Señor
Dios omnipotente, misericordioso Salvador.

Oración de agradecimiento

Bendito seas, Dios, por todas tus gracias: que
nunca olvido yo ninguno de tus beneficios.

Por los perdones sin cuento que han caído sobre
    mis flaquezas,
y los peligros de que me has salvado.
Tú curas las llagas de todos nuestros sufrimientos,
tú nos das el anhelo de nuestra renovación.
Tú defiendes, Señor, al pobre indefenso
y cargas sobre tus hombros su pesado yugo.
Tus ojos no hacen ascos de nuestras miserias, tus
manos nos han modelado con este barro. Señor,
eres grande y nadie está por encima de ti,
y sin embargo, ¡vives tan junto a nosotros!
¿Qué somos nosotros, Señor? Nuestros días son
    breves,
polvo agitado por el viento y flor de un día.
Pero tú has hablado y has confiado tu misterio,
y nos has revelado todo tu amor divino.
Que el universo entero entone tu alabanza y pro-
clame a coro todas tus bondades. Amén.

(J. Servel)

Señor, bendito seas por siempre

Por la alegría de la mañana, bendito seas.
Por la neblina de los campos, bendito seas.
Por la tierra que despierta y por el joven sol, bendito seas por siempre, Señor.
Por el ardor del mediodía, bendito seas,
por el frescor de los manantiales, bendito seas,
por los bueyes y tractores que labran la tierra y
    por la paz de los pueblos,
bendito seas por siempre, Señor.

25

Por el vigor de mis manos,
por el pan y el agua,
por el canto de las industrias y el rumor de los ca-
rros,
bendito seas por siempre, Señor.
Por la luminosidad de las casas,
por los rostros morenos,
por el umbral acogedor y la gritería infantil,
bendito seas por siempre, Señor.

Por la ronda de los meses,
por la nieve y el frío,
por las alboradas del estío y los otoños aherrum-
brados,
bendito seas por siempre, Señor.

Por los brotes de la primavera,
por las flores de los campos,
por los tiernos elotes y los cantos en los ni-
dos,
bendito seas por siempre, Señor.

Por las cumbres nevadas,
por el fulgor de los glaciares,
por el vaho de los hatos, el deleite de la leche ca-
liente,
bendito seas por siempre, Señor.

Por el bramido de los mares,
por el aguacero y el relámpago,
por el aire entre los pinos y el agua que retumba
en el barranco,
bendito seas por siempre, Señor.

Oración a la Virgen

Señora, tú te encuentras en la encrucijada de todos mis caminos;
camina conmigo las horas que me quedan.
Enséñame a vivir con ánimo transparente, guarda mi corazón limpio de toda falta.
Enséñame a hacer el don total de mí mismo a Cristo Jesús,
sin cálculos, sin rodeos,
sin reparos burdos o sutiles,
sin espíritu ventajista.
Enséñame el significado fresco y limpio del servicio.
    Amén.

Señor, dame fuerza

Esto quisiera pedirte, Señor: arranca de raíz la lepra de mi corazón.
Dame fuerza para sobrellevar ligeramente mis penas y mis alegrías.
Dame fuerza para que mi amor se traduzca en continuos servicios.
Dame fuerza para no despreciar jamás al pobre y para no doblar la rodilla ante el poderoso insolente.
Dame fuerza para mantener mi espíritu muy por encima de las pequeñeces humanas.
Dame fuerza para someter mi fuerza a tu voluntad por amor.

(R. Tagore)

Oración de acción de gracias

Gracias, Señor, gracias.
Gracias por todos los regalos que hoy me has
    ofrecido,
gracias por todo lo que he visto, oído y recibido.

Gracias, Señor, gracias.
Gracias por la vida,
gracias por la Gracia.

Gracias por estar conmigo, Señor,
gracias por escucharme y por tomarme en serio.
Gracias por recibir en tus manos este paquete
    de mis dones para ofrecerlo al Padre.
Gracias, Señor.
Gracias. Amén.

(Miguel Quoist)

Himno de la tarde

Vengo, Señor, cansado;
¡cuánta fatiga
van cargando mis hombros
al fin del día!
Dame tu fuerza
y una caricia tuya
para mis penas.

Salí por la mañana
entre los hombres,
¡y encontré tantos ricos
que estaban pobres!

28

La tierra llora,
porque sin ti la vida
es poca cosa.

¡Tantos hombres maltrechos,
sin ilusiones!;
en ti buscan asilo
sus manos torpes.
Tu amor amigo,
todo tu santo fuego,
para su frío.

Yo roturé la tierra
y puse trigo;
tú diste el crecimiento
para tus hijos.
Así, en la tarde,
con el cansancio a cuestas,
te alabo, Padre.

Quiero todos los días
salir contigo,
y volver a la tarde
siendo tu amigo.
Volver a casa
y extenderte las manos,
dándote gracias. Amén.

A Dios no se le alcanza por la fuerza; El se
entrega voluntariamente a quien quiere.
Toda oración es espera. Espera humilde y
confiada. Espera santa.

5. ORACIONES DE LA NOCHE

Las siguientes oraciones se pueden variar y escoger según las necesidades y circunstancias.

La señal de la Cruz

En el nombre del Padre, † y del Hijo, y del Espíritu Santo. Amén.

Oración de agradecimiento

Te adoro, Dios mío, y te amo de todo corazón. Te doy gracias por haberme creado, hecho cristiano y conservado durante el día. Perdóname el mal que hoy he cometido y acepta el bien que haya podido hacer. Protégeme durante el sueño y líbrame de todo peligro. Tu gracia esté siempre conmigo y con todos mis seres queridos. Amén.

Te pido por la Santa Iglesia, por el Santo Padre, por nuestra Patria y por nuestros gobernantes, por todos mis parientes, amigos y enemigos y por aquellos que se han encomendado a mis oraciones. Te pido por las Benditas Animas del Purgatorio. Amén.

Padre nuestro

Padre nuestro, que estás en el cielo, santificado sea tu Nombre; venga a nosotros tu reino; hágase tu voluntad en la tierra como en el cielo. Danos hoy nuestro pan de cada día; Perdona nuestras ofensas, como también nosotros perdonamos a los que nos ofenden; no nos dejes caer en la tentación, y líbranos del mal.

Ave María

Dios te salve, María, llena eres de gracia, el Señor es contigo, bendita tú eres entre todas las mujeres, y bendito es el fruto de tu vientre, Jesús.

Santa María, Madre de Dios, ruega por nosotros los pecadores, ahora y en la hora de nuestra muerte. Amén.

Gloria al Padre

Gloria al Padre, y al Hijo, y al Espíritu Santo. Como era en el principio, ahora y siempre, por los siglos de los siglos. Amén.

Salve

Dios te salve, Reina y Madre de misericordia, vida, dulzura y esperanza nuestra, Dios te salve. A ti llamamos los desterrados hijos de Eva, a ti suspiramos, gimiendo y llorando, en este valle de lágrimas. Ea, pues, Señora, abogada nuestra, vuelve a nosotros esos tus ojos misericordiosos, y después de este destierro muéstranos a Jesús, fruto bendito de tu vientre. ¡Oh clemente, oh piadosa, oh dulce Virgen María! Ruega por nosotros, Santa Madre de

Dios, para que seamos dignos de alcanzar las promesas de Nuestro Señor Jesucristo. Amén.

Aquí haz un breve examen de conciencia sobre el día transcurrido: de tus acciones y de tus palabras como del bien que no has hecho. Después pide perdón al Señor de tus faltas.

Acto de contrición

Señor mío Jesucristo, Dios y Hombre verdadero, Creador, Padre y Redentor mío; por ser tú quien eres, bondad infinita, y porque te amo sobre todas las cosas, me pesa de todo corazón haberte ofendido; también me pesa porque puedes castigarme con las penas del infierno. Te ofrezco mis sufrimientos como expiación de mis pecados, propongo confesarme y cumplir la penitencia que me sea impuesta; ayudado de tu gracia propongo firmemente no pecar más y evitar las ocasiones próximas de pecado. Amén.

Sólo quien es capaz de mirar con humildad el cielo, podrá mirar con valentía la tierra.

6. ORACIONES ANTES DE DORMIR

Señor, otro día termina

Otro día termina, Señor. ¿Un día más? No; un día menos en la espera de la muerte. Reviso estas horas tan cercanas aún, pero ya inscritas en el libro de tu Juicio..., y mi corazón se entristece al hallarlas tan ocupadas en todo cuanto pasa y se desvanece, y tan vacías de ti.

Perdóname, Señor, por ser débil y cobarde, por conocer el bien y hacer el mal, por tropezar cada vez en la misma piedra, por ser tan tibio y amarte tan poco.

Si no hubiese puesto en las manos Cristo, de una vez para siempre, mis faltas y mis penas, sólo me quedaría el recurso de la desesperación y del hastío de mí mismo. Pero sé que toda debilidad es en ti verdadera fuerza.

Señor, tengo fe en ti.

Bendice mi descanso de esta noche. Protege mi morada y haz que mi sueño, animado de tu presencia, esté henchido de confianza y de felicidad.

Al Sagrado Corazón de Jesús

Corazón de Jesús, te pido que durante esta noche veles por mi alma y mi cuerpo, para que tranquilamente repose en ti. Y ya que mientras duermo no podré alabarte Dios mío, dígnate hacerlo por mí, de manera que cuantos sean los latidos de mi corazón, en esta noche, sean otras tantas alabanzas que tú presentarás a la Santísima Trinidad. Amén.

Ofrecimiento al Eterno Padre

Eterno Padre, te ofrezco el Sagrado Corazón de Jesús con todo su amor, todos sus sufrimientos, y todos sus méritos:

1. Para reparar los pecados que he cometido en este día y durante toda mi vida. Gloria al Padre...

2. Para purificar el bien que he hecho con negligencia en este día y durante toda mi vida. Gloria al Padre...

3. Para suplir a las buenas obras que debería haber hecho y que descuidé en este día y durante toda mi vida. Gloria al Padre...

Consagración a Nuestra Señora

Señora y Madre mía. Yo me ofrezco todo a ti; y en prueba de mi filial afecto te consagro en esta noche: mis ojos, mis oídos, mi lengua, mi corazón; en una palabra, todo mi ser. Ya que soy todo tuyo, Madre de bondad, guárdame y defiéndeme como cosa y posesión tuya. Amén.

Oración para la habitación

Te suplico, Señor, que visites esta habitación, y alejes de ella todas las acechanzas del enemigo. Habiten en ella tus santos ángeles, que me guarden en paz, y tu santa bendición esté siempre sobre mí. Amén.

Termina tus oraciones, dando las "Buenas Noches" a la Virgen Santísima, con las "Tres Avemarías". Después puedes añadir las siguientes jaculatorias:

Jesús, José y María, os doy el corazón y el alma mía.

Jesús, José y María, asistidme en mi última agonía.

Jesús, José y María, con vosotros descanse en paz el alma mía.

Angel de mi Guarda, velad por mí.

Dales, Señor, el descanso eterno. Y la luz perpetua los alumbre. Descansen en paz. Amén.

Que las almas de todos los fieles difuntos, por la misericordia de Dios, descansen en paz. Amén.

"La recompensa no está en el resultado, sino en el esfuerzo realizado bajo la mirada de Dios" (Gandhi).

ORACIONES DE LA FAMILIA

1. ORACIONES DEL HOGAR

Oración a la Sagrada Familia

Sagrada Familia de Nazaret: enséñanos el recogimiento, la interioridad; danos la disposición de escuchar las buenas inspiraciones y las palabras de los verdaderos maestros; enséñanos la necesidad del trabajo, de la preparación, del estudio, de la vida interior personal, de la oración, que sólo Dios ve en lo secreto; enséñanos lo que es la familia, su comunión de amor, su belleza simple y austera, su carácter sagrado e inviolable. Amén.

(Paulo VI)

Oración para vivir en paz en familia

Señor, Dios Nuestro,
tú nos has elegido para ser tus santos
y tus predilectos.
Revístenos de sentimientos de misericordia,
de bondad,
de humildad,
de dulzura,
de paciencia.

Ayúdanos a sobrellevar los unos a los otros
cuando tenemos algún motivo de queja,
lo mismo que tú, Señor, nos has perdonado.
Sobre todo, danos esa caridad,
que es vínculo de perfección.
Que la paz de Cristo brille en nuestros corazones.
Esa paz que debe reinar en la unidad de tu
Cuerpo místico.
Que todo cuanto hagamos, en palabras o en
obras,
sea en nombre del Señor Jesús,
por quien sean dadas gracias a ti,
Dios Padre y Señor Nuestro. Amén.

Oración por todas las familias

Oh Dios, de quien procede toda paternidad en el
cielo y en la tierra;
Padre, que eres Amor y Vida,
haz que cada familia humana sobre la tierra se
convierta, por medio de tu Hijo, Jesucristo,
"nacido de Mujer",
y del Espíritu Santo, fuente de caridad divina, en
verdadero santuario de la vida y del amor para las
generaciones que siempre se renuevan.
Haz que tu gracia guíe los pensamientos y las
obras de los esposos hacia el bien de sus familias
y de todas las familias del mundo.
Haz que las jóvenes generaciones encuentren en
la familia un fuerte apoyo

para su humanidad y su crecimiento en la verdad
y en el amor.
Haz que el amor, corroborado por la gracia del
sacramento del Matrimonio,
se demuestre más fuerte que cualquier debilidad y cualquier crisis,
por las que a veces pasan nuestras familias.
Haz, finalmente, te lo pedimos por intercesión
de la Sagrada Familia de Nazaret,
que la Iglesia en todas las naciones de la tierra
pueda cumplir fructíferamente su misión
en la familia y por medio de la familia.
Tú, que eres la Vida, la Verdad y el Amor,
en la unidad del Hijo y del Espíritu Santo. Amén.

(Juan Pablo II)

Oración por nuestra familia y parientes

Te suplicamos, Jesús, por todos nuestros parientes y seres queridos y te pedimos estar siempre dispuestos a rogar por ellos. Condúcelos a la
luz de la verdad, consérvalos siempre en esa
verdad, si por dicha ya la poseen; guárdalos en
estado de gracia y concédeles el don de la perseverancia.

Te pedimos por nuestros parientes, padres y
madres; por nuestros hijos, por cada uno de
ellos; por nuestros hermanos y hermanas, por
cada uno de ellos en particular; por nuestros pri-
mos y toda nuestra parentela; por nuestros amigos más íntimos; por nuestros maestros y alum-

nos; por nuestros jefes y patrones, por nuestros servidores y trabajadores; por nuestros socios y compañeros de trabajo; por nuestros vecinos y por nuestros superiores; por todos aquellos que nos quieren bien y por los que no nos quieren; por nuestros enemigos; por nuestros competidores y rivales; por los que nos insultan y calumnian.

Te pedimos por ellos, no sólo en esta vida, sino también en su muerte, para que tengan la dicha de morir en gracia de Dios, para que Dios se digne reducir el tiempo de su expiación y admitirlos a su presencia. Amén.

(Cardenal Newman)

Oración de los novios

Somos novios, Señor, y nos queremos mucho. Hace un tiempo nos encontramos y nos reconocimos, como si siempre nos hubiéramos buscado.

Qué experiencia maravillosa, para cada uno, sentirse elegido, preferido sin saber del todo por qué.

Sentimos tu presencia, Señor, y te damos gracias por haber hecho posible este amor.

Queremos no olvidarte:

para que seamos abiertos y sinceros;
para que busquemos el bien y la alegría del otro con comprensión;
para que nos esforcemos en cambiar y ofrecernos cada uno lo mejor de sí mismo;

para que el deseo y la pasión no ahoguen el amor;

para que juntos forjemos un ideal-vocación para la vida y nos unamos para alcanzarlo.

Un día, Señor, pensamos sellar para siempre nuestro amor con el sacramento del matrimonio. Que nuestro noviazgo sea un camino de maduración y seamos conscientes del compromiso mutuo que asumiremos. Amén.

Oración de los novios a la Virgen

Madre nuestra.

En tu nombre hemos unido nuestros corazones. Queremos que presidas nuestro amor; que defiendas, conserves y aumentes nuestra ilusión. Quita de nuestro camino cualquier obstáculo que haga nacer la sombra o las dudas entre los dos.

Apártanos del egoísmo que paraliza el verdadero amor.

Líbranos de la ligereza que pone en peligro la Gracia en nuestras almas.

Haz que, abriéndonos nuestras almas, merezcamos la maravilla de encontrar a Dios el uno en el otro.

Haz que nuestro trabajo sea ayuda y estímulo para lograrlos plenamente. Conserva la salud de nuestros cuerpos. Resuelve nuestras necesidades materiales.

Y haz que el sueño de un hogar nuevo y de unos hijos nacidos de nuestro amor y del cuerpo, sean realidad y camino que nos lleve rectamente a tu Corazón. Amén.

Oración de los esposos que esperan un hijo

Señor, Padre nuestro, tú sabes con cuánta alegría hemos sabido que una nueva vida ha surgido entre nosotros.

Te damos gracias por este don maravilloso con el que nos has hecho partícipes de tu divina paternidad.

Tú sabes la trepidación que se vive en la espera.

Te lo pedimos, Señor: vigila y protege esta pequeña y delicada vida, este cuerpo y esta alma llenos aún de misterio, para que llegue sana a la luz del mundo y a la nueva vida del Bautismo.

Madre de Dios, a tu corazón de madre confiamos ya desde ahora este hijo. Amén.

Oración de agradecimiento después del nacimiento de un hijo

La hora crítica ha pasado:
tu paternal asistencia, Señor,
ha resuelto en alegría nuestra ilusionada espera.
Un niño nos ha nacido:
la alegría de tu nacimiento se renueva en nuestro hogar.

¡Gloria a ti, Señor, en los cielos
y paz para nosotros!
Mientras te damos gracias,
te consagramos también nuestro hijo:
tú nos lo has dado;
lo custodiaremos como tuyo.
Ayúdanos a recibirlo y educarlo
como hijo de bendición.
Amén.

Oración en el cumpleaños de un hijo

Te damos gracias, Señor,
porque has bendecido nuestra casa
y nos has confiado este hijo.
Una vez más lo ponemos en tus manos pater-
    nales.

Guíalo y condúcelo,
bajo la protección de los santos ángeles y de
su santo Patrono, juntamente con nosotros,
a la felicidad eterna.

Defiéndelo del pecado y de la malicia del mundo,
mantenlo en la fe y en tu amistad.

Hazlo fuerte, leal, generoso,
para que su vida difunda un hálito de bondad
    y alegría,
que manifieste a todos la belleza de la vida
    cristiana.
    Amén.

Oración de los padres por un hijo pequeño

Señor Jesús,
que quisiste un día ser también niño,
protege a nuestro hijo...,
fruto de nuestro amor,
fuente de nuestra alegría,
esperanza de nuestra vida.

Tú que dejabas a los pequeños que se acerca-
    ran a ti cuando estabas en la tierra,
y los bendecías,
bendice también al nuestro
y no permitas que su inocencia sea profana-
    da por el mal.

Haz que crezca, según tu ejemplo,
en edad, sabiduría y gracia.
Acércanos a su inocencia;
haz que veamos tu rostro en sus ojos
y que en él reencontremos nuestra infancia,
    con todas sus promesas.
Que nuestro hijo nos enseñe a ser niños tam-
    bién a nosotros,
para entrar en el reino de los cielos.
Amén.

Oración por los hijos que van a la escuela

Divino Salvador,
que te sentaste junto con los maestros de la
    ley
te confiamos nuestros hijos mientras están en la
escuela.

44

Infunde en ellos el espíritu de sabiduría;
abre sus inteligencias,
a fin de que te conozcan cada día más,
y aprendan los conocimientos que necesitan
para su vida terrena y eterna.
Concédeles las virtudes de la obediencia y la dili-
gencia.
Que aprecien y amen a sus maestros y compañeros.
Y que día tras día crezcan como tú
en edad, sabiduría y gracia
ante Dios y ante los hombres.
Amén.

Oración de los padres
por el porvenir de los hijos

Señor, tú conoces a cada uno
y a cada uno llamas por su nombre,
y das a cada hombre una vocación
para llegar a la salvación,
para darte gloria
y para ser una ayuda a los hombres sus hermanos.
Ha llegado también para nuestro hijo
el momento de descubrir el camino que has
señalado para él.
Ilumina su mente con tu luz,
sosténlo con tu fuerza,
para que no se contente con un ideal fácil.
Ilumínanos también a nosotros, sus padres,
para que le ayudemos a reconocer su vocación

y a realizarla generosamente,
sin poner impedimentos a su libertad
y sin oponernos a tu guía interior.
Amén.

Oración de los padres en la boda de un hijo

El Dios de Abraham, de Isaac y de Jacob esté
   siempre con ustedes,
y les llene de bendiciones.
Que él mismo lleve a término en ustedes su
   bendición.
Que vean los hijos de sus hijos,
hasta la tercera y cuarta generación,
y que después, sin fin, alcancen la vida eterna.
Que a su santa bendición añada Dios la de
   tu madre y mía.
En el nombre del Padre,
   y del Hijo,
   y del Espíritu Santo.
Amén.

Oración por un hijo ausente

Nuestro hijo, Señor, es también tuyo;
está alejado de nosotros,
pero está contigo
y tu paternidad nos consuela.
En ti permanecemos unidos.
Tú ves lo que nosotros no vemos;
tú puedes lo que nosotros no podemos;
tú eres amorosamente providente.
Aleja de él todo peligro.
Protégelo ahora que está lejos de casa.

46

Confiamos en ti,
porque eres el mejor de los padres.
Amén.

Oración de los padres por los hijos

Dame, Señor, un hijo que sea lo bastante fuerte para saber cuándo es débil y lo bastante valeroso para enfrentarse consigo mismo cuando sienta miedo: un hijo que sea orgulloso e inflexible en la derrota honrada, y humilde en la victoria.

Dame un hijo que nunca doble la espalda cuando deba erguir el pecho; un hijo que sepa conocerte a ti...y conocerse a sí mismo, que es la piedra fundamental de todo conocimiento.

Condúcelo, te lo ruego, no por el camino cómodo y fácil, sino por el camino áspero aguijoneado por las dificultades y los retos. Allí déjalo aprender a sostenerse firme en la tempestad y a sentir compasión de los que fallan.

Dame un hijo cuyo corazón sea claro y cuyos ideales sean altos; un hijo que se domine a sí mismo antes de que pretenda dominar a los demás; un hijo que aprenda a reír, pero que también sepa llorar; un hijo que avance hacia el futuro, pero que nunca olvide el pasado.

Y después que le hayas dado eso, agrégale, te suplico, suficiente sentido de buen humor, de modo que pueda ser siempre serio, pero que no se tome a sí mismo demasiado en serio.

Dale humildad para que pueda recordar siempre la sencillez de la verdadera grandeza, la imparcialidad de la verdadera sabiduría, la mansedumbre de la verdadera fuerza. Entonces, Señor, yo, su padre, me atreveré a decirte: "Gracias porque mi vida no ha sido vana".

Otra oración de los padres por los hijos

Señor, Padre todopoderoso,
te damos gracias por habernos dado estos hijos.
Es una alegría para nosotros,
y las preocupaciones, temores y fatigas que nos cuestan,
las aceptamos con serenidad.
Ayúdanos a amarlos sinceramente.
A través nuestro has hecho surgir su vida;
desde toda la eternidad tú los conocías y amabas.
Danos sabiduría para guiarlos,
paciencia para instruirlos,
vigilancia para acostumbrarlos al bien
mediante nuestro ejemplo.
Fortalece nuestro amor para corregirlos
y hacerlos más buenos.
¡Es tan difícil a veces comprenderlos,
ser como ellos nos desean,
ayudarlos a hacer su camino!
Enséñanos tú, Padre bueno,
por los méritos de Jesús, tu Hijo y Señor nuestro.
Amén.

Oración de la madre por los hijos

Oh Señor, toma bajo tu protección los hijos que tú me has dado.

No permitas que te ofendan con el pecado: elígelos para el cielo.

Salva también mi alma y la de mi esposo.

Y si quieres llamar a tu servicio para la salvación de los hombres a uno de mis hijos, te lo ofrezco ya desde ahora con alegría y con reconocimiento profundo.

Perdona, Señor, mis debilidades y suple mis carencias, para que pueda cumplir lo más dignamente mi misión en la familia y en la sociedad.

Sostén a toda mi familia en el espíritu de fe, en la paz y en la unidad del amor y haz que nos encontremos unidos en la sociedad de los Santos, contigo, eternamente.

Amén.

Oración de los esposos

Señor Jesús, tú nos has unido por el sacramento del Matrimonio. Te damos gracias. Gracias por todas las alegrías que nacen de la recíproca comunión; gracias por nuestros hijos y por la paz de nuestro hogar. Te pedimos: que mantengas vivo cada día, nuestro amor; no permitas que se pierda a causa de la monotonía o de la actividad de la vida. No permitas que jamás nos falte algo que comunicarnos y que vivamos el uno junto al otro como extraños.

Enséñanos cómo podemos cada día avivar nuestra vida en común, y haz que siempre sepamos perdonarnos y que podamos siempre ayudarnos en nuestras decisiones.

Danos fuerza para poder enfrentarnos juntos a todas las penas. Como a todas las pruebas. Señor, te pedimos que renueves en cada uno de nosotros, cada día, tu amor. Amén.

Oración en las dificultades económicas

Señor, que has creado todo el universo
y has dotado a la tierra de riquezas suficientes
para alimentar a todos los hombres que habitan,
    ven en nuestra ayuda.

Señor, que cuidas de los lirios del campo y de las
    aves del cielo,
los vistes, los nutres y los haces prosperar, manifiesta sobre nosotros tu providencia paterna.

Ayúdanos, Señor:
ya que nuestra salvación sólo puede venir de hombres honestos y buenos,
infunde en el corazón de nuestros prójimos
el sentido de la justicia, de la honestidad, y de la
    caridad.

Cuida de nuestra familia,
que confiadamente espera de ti el pan de cada
    día.
Fortalece nuestros cuerpos.
Da serenidad a nuestra vida,

a fin de que podamos çorresponder más fáçil-
mente a tu gracia divina,
y sentir que sobre nosotros,
sobre nuestras preocupaciones y angustias,
vela tu amor de Padre.
Amén.

Oración antes de salir juntos de viaje

El Señor omnipotente y misericordioso
dirija nuestros pasos por el camino de la paz y de
la prosperidad;
que el ángel Rafael nos acompañe,
para que con salud, paz y alegría
podamos volver a nuestros hogares.

Señor, danos a todos los presentes un viaje
feliz
y un tiempo de paz,
a fin de que, en compañía de tu santo ángel, podamos llegar felizmente al lugar a donde vamos
y, por fin, a la vida eterna.
Amén.

Oración de los hijos por sus padres

Dios, concédeme comprender mejor a mis padres, y saber devolverles amor por amor.

Si yo no puedo amarlos como antes es que debo
amarlos más.

No ya como un niño que balbucea, sino como
un hombre que sabe lo que tiene que decir, y que
expresa su alma en un lenguaje dulce y fuerte.

51

Yo me acercaré a mi padre y a mi madre, que sufren por mí, y cuyo trabajo hasta ahora no he apreciado.

Esta noche diré y repetiré, con más comprensión que otras veces, la antigua oración de mi infancia:

Padre nuestro, que estás en los cielos, escucha a tus hijos. Te pedimos por nuestros padres.

Por medio de ellos nos lo diste todo, devuélveles todo el bien que nos han hecho.

Nos han dado la vida: consérvales la salud.

Nos han dado el alimento: dales el pan de cada día.

Nos han dado el vestido: que sus almas se hallen vestidas siempre de tus gracias.

Concédeles sobre la tierra la felicidad que se encuentra en servirte y amarte.

Y haz que podamos estar un día reunidos en el cielo. Amén.

(Halnaut)

Oración por las madres

Señor: tú también tienes una Madre. La tuya está en el cielo. Es María, pero en algún tiempo estuvo en la tierra. Ayúdanos, pues, a pedir por nuestras madres, aunque tú no necesitas pedir por la tuya. Ellas —nuestras madres— siempre están pidiendo por nosotros. Justo es que nosotros alguna vez pidamos por ellas.

De las madres se han dicho cosas bellísimas. Todas se las merecen ellas.

Ojalá nunca pudiera decirse nada malo de las madres. Sin embargo..., y para que no se diga, Señor, concédenos madres que sepan cuál es el fin principal de ellas: la maternidad. Que Jamás traicionen esa misión tan maravillosa.

Concédenos madres que sepan amar a sus hijos con amor intenso, con amor cristiano. El amor de instinto no basta.

Que amen a Dios en sus hijos. Que todo su amor sea para encaminarlos a él.

Con amor que lleve hasta el sacrificio. La madre debe ser toda para sus hijos. Tiene que ser capaz de sacrificar por ellos su cuerpo, su belleza.
Olvidarse de todo menos de que es madre.
Siempre para sus hijos. No sólo madres al traerlos al mundo, sino siempre. Hasta la muerte.

Que críen a sus hijos con esmero y delicadeza, y que sean ellas quienes los eduquen directamente. No hay pretexto que las exima de ese deber.

Educándolos, vigilándolos; con una educación completa, con una vigilancia llena de amor y caridad.

Haz, Señor, que el modelo de nuestras madres sea tu Madre bendita. Que la protectora de nuestras madres sea ella, María. Que a ella acudan en sus afanes. Que a ella imiten en sus acciones. Ella, María, tu Madre —también nuestra Madre— siguió todos tus pasos, sin dejar un instante de manifestarse **Madre**. Así necesitamos a nuestras madres: ¡**siempre** madres!

Lo más sublime de una mujer es ser madre buena.

Señor, haz **que así** sean ellas. Amén.

(A. Calatayud, o. p.)

Oración de los abuelos

Señor, nos estamos volviendo viejos; los jóvenes nos **hablan con** respeto y temen que les contemos **anticuadas historias.**

A **veces no comprendemos** nada del mundo de hoy y **sentimos** el vacío en torno nuestro. Sabemos que tú no eres un Dios tranquilo para viejos achacosos, sino el Dios vivo, inagotable siempre en su novedad, contemporáneo de la actual transformación del mundo.

Comulgando tu pan vivo nos sentimos rejuvenecer: de él sacamos vigor para no ser ancianos de aquellos que se pierden en los recuerdos del pasado.

Concédenos, Señor, el preparar dignamente nuestra vejez, dar sentido a nuestros días actuales. Que sepamos ofrecer cariño a los nietos y vivir en el afecto de nuestros hijos. Amén.

Oración de la esposa viuda o del esposo viudo

Padre, te has llevado a mi esposo(a). Hemos recorrido juntos una parte de nuestro camino de esta vida. Hemos condividido las alegrías y las penas, los gozos y las dificultades. Fue hermoso, aunque no siempre fue fácil. De todo te doy gracias.

Ahora mi esposo(a) se ha ido. He quedado solo(a). A él (ella) dale la felicidad eterna; a mí dame la fuerza de poder decir: hágase tu santa voluntad. Y haz que un día, nos encontremos en la Patria eterna. María, consuelo de los afligidos, intercede por nosotros. Amén.

Oracion por los que viven solos

Señor, acércate a todos los que viven en soledad y cuyo corazón está a punto de desfallecer.

Adóptalos.

¡Es tan duro vivir en el abandono, sin madre, ni mujer y sin hijos!

¡Es tan humillante saber que se molesta a los demás con sus penas!

Reanima a los que viven en el desierto que su egoísmo crea en torno a ellos.

Y cuando la tarde plomiza oprima su pecho; cuando sus sienes ardorosas golpeen fuertemente; cuando la soga o la pistola les obsesione como una pesadilla, pero también como una liberación posible, ¡ah!, en tan espantosa sequedad, envíales el frescor y la ternura de tu consuelo. Amén.

(Francisco Jammes)

Oracion para antes de leer
la Sagrada Escritura

Señor Jesús, abre mis ojos y mis oídos a tu Palabra. Que lea y escuche yo tu voz y medite tus enseñanzas.

Despierta mi alma y mi inteligencia, para que tu Palabra penetre en mi corazón y pueda yo saborearla y comprenderla.

Dame una gran fe en ti, para que tus palabras sean para mí otras tantas luces que me guíen hacia ti por los caminos de la justicia y de la verdad.

Habla, Señor, que yo te escucho y deseo poner en práctica tu doctrina, porque tus palabras son para mí, vida, gozo, paz y felicidad.

Habla, Señor, tú eres mi Señor y mi Maestro y no escucharé a nadie sino a ti. Amén.

(P. Chevrier)

Oración antes de tomar los alimentos

Bendícenos, Señor:
Bendice estos alimentos
que por tu bondad vamos a recibir;
bendice las manos que los prepararon,
da otro tanto a los que nada tienen
y concede tu paz y tu justicia a nuestra Patria.
Amén.

Oración después de tomar los alimentos

Te damos gracias, Señor,
por estos alimentos que nos diste

y por la alegría de esta hora.
Que esto nos ayude
a servirte de todo corazón.
Te lo pedimos por Jesucristo,
nuestro Señor.
Amén.

Oración de la joven en sus quince años

Señor Dios, creo en ti con todas las fuerzas de mi ser y por eso te ofrezco mi juventud: guía mis pasos, mis acciones, mis pensamientos. Concédeme la gracia de vivir tu Mandamiento nuevo, para amar a mis hermanos por ti.

Que tu gracia en mí no resulte vana. Te lo pido por Jesús, tu Hijo, mi Salvador. ¡Oh María, Madre mía! Ante ti presento mi ofrenda al Señor. Sé para mí el modelo de mujer fuerte. Toma mi corazón y hazme digna hija de Dios.
Amén.

Oración del joven adolescente

¡Señor! Te llamo desde mi soledad...
Para los mayores a veces soy "una cosa cualquiera"...
Para mí mismo, "un enigma".
¡Qué edad la mía!
Río locamente y lloro al instante.
Me acobardo y ambiciono, amo y odio.
No comprendo la vida. Ni me comprendo a mí mismo.

Y los mayores tampoco comprenden mi situación.

A ti, que fuiste adolescente, ofrezco mis alegrías, mis ilusiones.

Mis dudas, mi dolor, mis primeros fracasos.

Dame tu luz, tu gracia y tu amor. Los necesito.

¡Tu Luz! Para ver claro mi camino, mi futuro, mis posibilidades, mi limitación. Amén.

Oración de la joven

Señor, tú que nos has confiado la grande y noble misión de ser el complemento psíquico y corporal del hombre.

Tú que has querido que seamos la delicadeza y ternura junto a su energía y vigor, danos tu gracia.

Enséñanos a ser auténticamente femeninas y sencillas, poniendo en la rudeza de la vida de nuestros hermanos, los jóvenes, la dulzura de una vida pura y sana, sin coqueterías ni complicaciones.

Que no seamos superficiales, sino que nos preocupen seriamente los problemas de la humanidad. Que no perdamos el tiempo en prepararnos demasiado.

Y que con nuestro cuerpo armonioso, con nuestra pureza de rasgos, con el brillo de nuestros ojos, con la gracia de nuestro andar…, con todo el atractivo que nos has concedido no perturbemos la vida de ellos, sino que únicamente **busquemos** ser el estímulo que los empuje a "prepararse" para el auténtico amor y don de sí mismos.

Y no nos dejes caer en la enorme tentación de jugar al amor demasiado pronto, confundiéndolo tal vez con el sentimentalismo, sino que, fortaleciendo nuestros corazones, ayúdanos a "entrenarnos" también a nosotras para el verdadero amor, aprendiendo a ser generosas y a compartir el dolor de los que sufren.

Que el amor a ti presida nuestra juventud. Amén.

Oración por los amigos

Jesucristo,
Maestro y amigo:
estamos en ruta
por un mundo de **recelos** y odios.
Nos da miedo la **soledad** estéril.
Queremos ir en **compañía**, juntos,
juntos en el **amor**.
Protege nue**stra amista**d.
Hazla cordial **en el trato**,
sincera y fiel **en la entrega**.
Haya siempre **entre nosotros**
confianza total, **intimidad** plena.
Jamás el temor y **la duda**.
Un solo corazón que comprende y ayuda.
Amigos de verdad y de todas las horas.
Santa María de la amistad limpia.
Llévanos a Jesús, unidos en el amor. Amén.

Oración para ser buen estudiante

Señor, recuérdame con frecuencia,
la obligación que tengo de estudiar.
Hazme responsable:
Que santifique mi trabajo de estudiante.
Que prepare bien mi misión en la vida.
Que sepa agradecer el privilegio de poder estudiar.
Que me capacite a conciencia.
Que haga rendir mi juventud.
Que haga una buena sementera en mi inteligencia.
Dame humildad para echarme en cara la negligencia con que cumplo a veces mis tareas.
Dame valentía y constancia para aprovechar todos los instantes en el estudio.
Enséñame a estudiar con método,
a leer con reflexión,
a consultar a los que saben más
para, el día de mañana, ser útil a mis hermanos
y un verdadero dirigente de la humanidad.
Amén.

Oración del joven por ella

Tú sabes, Madre, que en mi juventud nueva, ha nacido en mi frente una estrella.
Y por eso…
Hoy vengo a pedirte por *ella*.
Por aquella muchacha que ha de ser mi esposa.
Guárdala en tu regazo pura y bella,

libre del cieno inmundo,
y en sus ojos claros... una luz misteriosa.
Yo en cambio:
Te prometo conservarme —con tu ayuda—
digno de *ella*.
Ser luminoso y viril, como una antorcha.
Limpio como una estrella.
Como un lirio altivo montando mi guardia.
Amén.

(García-Salve)

Oración por todos

Jesús, que conoces la maldad de los hombres,
que recibes cada día el vaho pestilente
de nuestros pecados,
y que a pesar de eso, porque nos amas, vienes a
    nosotros.
Hoy te pido por todos:
por los egoístas para que aprendan a darse,
por los cobardes para que sean hombres,
por los soberbios para que conozcan su miseria,
por los vulgares para que los hagas generosos,
por los impuros para que sean limpios,
por los necios para que reflexionen un poco,
por los vividores para que no se embrutezcan,
por los envidiosos para que les des alma grande,
por los que manchan el amor
para que aprendan a amar,
por los ricos para que comprendan
tu exigente doctrina,
te pido por todos y también por mí.
Amén.

2. ORACIONES POR LA IGLESIA

Oración por la Iglesia

Que no olvide yo ni un instante que tú has establecido en la tierra un reino que te pertenece;
que la Iglesia es tu obra, tu institución, tu instrumento;
que nosotros estamos bajo tu dirección, tus leyes
y tu mirada;
que cuando la Iglesia habla, tú eres el que hablas.
Que la familiaridad que tengo con esta verdad
maravillosa no me haga insensible a esto;
que la debilidad de tus representantes humanos
no me lleve a olvidar, que eres tú quien hablas y
obras por medio de ellos. Amén.

(Cardenal Newman)

Oración para amar más a la Iglesia

Señor Jesús, yo afirmo al rezar el Credo: "Creo
en la Santa Iglesia Católica".

Creo firmemente que eres tú quien la ha fun-
dado y quien le has encargado continuar la misión
que tu Padre te había confiado.

Creo que le has encargado ante todo el oficio
de iluminarme, sin error posible, sobre el fin de
mi vida y sobre los medios para alcanzarlo.

Creo, por tanto, todas las verdades que la Iglesia enseña, porque ella no puede engañarse ni engañarme.

Creo que le has confiado la misión de hacerme santo a los ojos de tu Padre, haciéndome participar en el Santo Sacrificio del Calvario, y comunicándome tu gracia por medio de los Sacramentos.

Creo, por tanto, en el poder santificador de la Iglesia Católica, y por eso la llamo la Santa Iglesia.

Creo que existe en la Iglesia, como en toda verdadera sociedad, una autoridad que debo respetar, y que esta autoridad ha recibido todos los poderes para dirigirme en el camino de la vida.

Creo, por tanto, en la autoridad suprema del Soberano Pontífice, sucesor auténtico de san Pedro.

Creo en la autoridad del Obispo sobre mí, porque él es el sucesor de los Apóstoles en la diócesis en que vivo.

Quiero vivir y morir fiel a la Iglesia, porque ella es, como tú, el Camino, la Verdad y la Vida.

Señor Jesús, creo con todas mis fuerzas y con todo mi corazón en la Santa Iglesia Católica. Amén.

(Lelotte)

Oración por los religiosos

Dios nuestro,
que inspiras y llevas a término todo santo
    propósito,
conduce a tu pueblo por el camino de la salvación
y haz que, cuantos lo dejaron todo para consa-
    grarse a ti
y seguir a Cristo casto, pobre y obediente, sean
fieles en tu servicio y en el de sus hermanos.
Por Jesucristo nuestro Señor. Amén.

Oración por las misiones

Protege, Señor,
a tus misioneros,
sacerdotes, religiosos, religiosas y laicos,
que dejan todo
para dar testimonio
de tu palabra
y de tu amor.

En los momentos difíciles,
sosténlos,
consuela sus corazones,
y corona su trabajo
de frutos espirituales.
Y que tu imagen
del crucifijo
que les acompaña siempre,
hable a ellos de heroísmo,
de generosidad,
de amor y de paz. Amén.

(Juan XXIII)

Oración por los cristianos perseguidos

Dios nuestro, que en tu misteriosa providencia
has querido asociar tu Iglesia a los sufrimientos
   de tu Hijo,
concede a los fieles que sufren persecución a
   causa de tu nombre,
el don de la paciencia y de la caridad,
para que puedan dar testimonio fiel y creíble de
tus promesas.
Por Jesucristo nuestro Señor. Amén.

Oración por la unidad de los cristianos

Señor nuestro Jesucristo, que momentos antes
de la Pasión oraste por los que iban a ser tus discípulos hasta el fin del mundo, para que todos fue-
ran uno, como tú estás en el Padre y el Padre en
ti; compadécete de tanta división como existe entre quienes profesan tu fe...Derriba los muros de
separación que divide hoy a los cristianos...

Mira con ojos de misericordia las almas que han
nacido en una u otra comunión cristiana, obra de
los hombres, que no tuya...

Atráelos a todos a esta única comunión que im-
plantaste desde el principio: a la Iglesia, Una,
Santa, Católica y Apostólica...

Como en el cielo solamente existe una sociedad
santa, que no exista en la tierra más que una comunión que confiese y glorifique tu santo nombre. Amén.

(Cardenal Newman)

3. ORACIONES POR LAS VARIAS NECESIDADES SOCIALES

Oración por nuestra Patria

Dios todopoderoso, acoge, te lo pedimos con fervor, a nuestra Patria bajo tu santa protección.
Inspira a todos los hijos de esta tierra,
un espíritu de sumisión y obediencia a la autoridad civil,
un espíritu fraterno respecto a los demás ciudadanos,
como hijos de una misma nación.
Por tu bondad, dígnate hacer de nosotros
hombres dispuestos a practicar la justicia,
a amar la misericordia,
y a vivir la caridad, la humildad, la paz,
virtudes que caracterizan al Autor divino de nuestra santa Religión.
Si no imitamos con humildad sus ejemplos,
jamás podremos esperar en convertirnos
en una nación feliz.

Dígnate, Señor, atender nuestras súplicas,
te lo pedimos por Nuestro Señor Jesucristo.
Amén.

(Jorge W.)

Oración por el Presidente de la República

Dios y Señor nuestro, de quien procede toda autoridad legítima,
concede a nuestro primer mandatario
un atinado ejercicio de su mandato,

para que, respetando siempre tus derechos,
busque promover, como es tu voluntad,
la paz y el bienestar de su pueblo.
Por Jesucristo Nuestro Señor. Amén.

Oración por todos los gobernantes

Te pedimos, Señor, por todos los que tienen en sus manos los destinos de nuestra Patria.

Haz que comprendan su función de promotores del orden y la paz, y reconozcan que tú eres el Padre de todos los hombres, el que conduce toda la historia humana, el que inclina los corazones a la bondad, el que bendice el pan, santifica el trabajo y el dolor y nos da la alegría y el remedio que ellos no pueden dar.

No teman que tu Iglesia usurpe sus prerrogativas y déjenla libre para creer y predicar la fe, para amarte y servirte, para llevar a los hombres el mensaje de vida, para extender por todas partes, sin trabas, la buena nueva del Evangelio de la paz. Y que nosotros, honrando su autoridad y respetando su función, seamos siempre ciudadanos leales en el cumplimiento de las leyes justas, y promovamos la paz y el progreso. Amén.

Oración por la paz y la justicia

Dios nuestro, que llamas hijos tuyos a los que promueven la paz, concédenos trabajar incansablemente por establecer la justicia,

sin la cual es imposible garantizar
una paz auténtica y duradera.
Por Jesucristo Nuestro Señor.
Amén.

Oración por los pobres

Señor, enséñanos a no amarnos egoísticamente, a
no contentarnos con amar a los nuestros,
con amar a los que amamos.
Enséñanos a pensar solamente en los demás, a
amar primeramente a los que no son amados.
Haz que suframos el sufrimiento de los demás.
Señor, concédenos la gracia de advertir
que en cada instante de nuestra vida,
de nuestra vida dichosa y por ti protegida,
hay millones de seres humanos que son tus hijos,
que son nuestros hermanos,
y que se mueren de hambre,
y que mueren de frío,
y no han merecido morir de frío.
Ten piedad de todos los pobres del mundo.
Ten piedad de los leprosos,
a los que tú sonreíste en otro tiempo,
de esos millones de leprosos
que tienden hacia tu misericordia
sus manos sin dedos, sus brazos sin manos.
Perdónanos por haberlos abandonado
durante tanto tiempo, por un miedo vergonzoso.
Señor, en adelante no permitas

que sólo nosotros seamos fieles.
Danos la compasión de la miseria universal
y líbranos de nosotros mismos
si es tu voluntad. Amén.

(Raoul Follerau)

Oración por un mundo nuevo

Señor, yo quisiera, como lo quieren todos los jóvenes, hacer un mundo nuevo,
no un mundo donde domine el odio, la mentira, el robo,
sino un mundo donde reine el amor, la solidaridad, el espíritu de fraternidad,
donde se trabaje por el bien de todos,
un mundo cuya ley sea el Evangelio y que esté edificado en cristiano,
un mundo cuya piedra angular seas Tú.

El armazón de este mundo tú lo has establecido, admirable de solidez y de armonía, con tus enseñanzas y las enseñanzas de tu Iglesia.

Pero lo que faltan son constructores,
jóvenes sobre todo, que se apasionen por tu mensaje y que trabajen,
noche y día, porque el edificio se levante.

Señor, nadie puede hacer el mundo feliz sino Tú.
Por ello te pido que hagas de mí un verdadero cristiano,
uno de tus partidarios más fieles, uno de esos que están siempre en ruta.

Gracias a ti, Señor, yo tengo algo que decir al **mundo**, una buena noticia
que anunciarle, una misión espléndida que cumplir.
Yo me comprometo libremente, voluntariamente, a fondo, en tu servicio.
Te pido que hagas penetrar tu vida, tu doctrina, en todas las fibras de mi cuerpo, de mi alma, de mi corazón, de mi voluntad.
Yo quiero, Señor, serte fiel, celosamente fiel, afectuosamente fiel. Amén.

(Lelotte)

Oración por los obreros

Señor Jesús, obrero de Nazaret.

Tú, que amaste la madera y trabajaste con entusiasmo en tu taller de carpintero (hoy amarías el hierro y serías soldador, ajustador...), estás ausente, muy ausente, de los talleres, de las fábricas, de las minas y de las oficinas de hoy.

Te hemos expulsado de "tu ambiente". ¡Oh..., te han expulsado! ¡No sé de quién es la culpa!

¡Me imagino cómo estarás...!

Por eso, Señor, me atrevo ahora a pedirte algo grande. A pedirte que hagas que, aunque no sea muy difícil amarte (por lo que vemos hacer a los que dicen que te aman), nuestro corazón sea tuyo y te sirvamos con fidelidad.

Danos valentía para consagrar nuestra vida al mundo del trabajo, para proporcionarle y para acercártelo más; para acercarte al corazón de cada obrero.

¡Que cada día el mundo del trabajo se aproxime más a ti y se consideren todos hermanos en ti!

Señor Jesús, Obrero de Nazaret, aquí tienes ya un incondicional. Dame tu luz y tu fuerza.

(Carlos Vélez)

Oración del obrero

Señor Jesús: te ofrecemos en este día nuestros trabajos, nuestras luchas, nuestras alegrías y nuestras penas.
Concédenos a nosotros y a todos nuestros hermanos de trabajo, pensar como tú, trabajar contigo, vivir en ti.

Danos la gracia de amarte con todo nuestro corazón y de servirte con todas nuestras fuerzas.

Reina, Señor, en las fábricas, en las almas, en los talleres, en el campo, en las oficinas y en nuestros hogares.

Que las almas de los obreros que hoy se encuentran en peligro permanezcan en tu gracia.

Y que los obreros muertos en el campo de honor del trabajo, por la misericordia de Dios, descansen en paz.

Sagrado Corazón de Jesús, bendice a los obreros.

Sagrado Corazón de Jesús, santifica a los obreros.

Sagrado Corazón de Jesús, venga a nosotros tu Reino por los obreros cristianos.

Reina de los Apóstoles, ruega por nosotros.

Oración del campesino

Señor,
cuando trabajo la tierra
con mis brazos
o con ayuda de la técnica
para que dé los frutos,
cuando participo responsablemente
en la construcción de nuestra sociedad,
hazme comprender,
Dios mío,
que cumplo tu voluntad
de dominar la tierra,
de perfeccionar la creación,
y de progresar en mi vida.
Hazme entender
que, al mismo tiempo,
ponga en práctica
el gran mandamiento de Cristo,
de servir
a todos mis hermanos
en la realización
de un mundo más humano. Amén.

Oración del conductor

Al tomar asiento y colocar mis manos al volante del vehículo, te imploro, Dios y Señor para que seas tú la Luz que preceda en mi caminar.

Pon en mi mente el buen entendimiento de tu amor para frenar mis impulsos y cuidar en tu nombre mi vida, la de los míos y la de mis semejantes.

Dame la serenidad para recordarte en todo momento y cúbreme con las suaves alas de tu infinita misericordia. Amén.

Virgen Santa, Madre de Dios y Madre mía. Auxilio de los Cristianos, que has realizado y sigues realizando tantas maravillas, te suplico con todo el fervor de mi alma, me cuides y guíes por el buen camino. Amén.

Oración del maestro

Señor,
concédeme poseer la ciencia
necesaria en mi profesión de maestro,
para ser competente
en el arte pedagógico.
Enséñame
a vivir unido a los alumnos
con el vínculo de la caridad,
a colaborar con sus padres,
a estimular
sus cualidades personales de estudiante,
y a saber orientarlos
en su educación
con el consejo y la amistad.
Dame
un espíritu abnegado

para que yo testimonie
con la palabra
y con la vida
al único Maestro
que eres tú, Cristo.
Amén.

Oración de los estudiantes por sus maestros

Señor, te pedimos por los que nos educan.
Haz que encuentren en ti
la fuerza de comenzar cada día con renovado entusiasmo su labor, que nuestro descuido y abandono hace a veces tan ardua,
la bondad que nos asegure la confianza que a veces nuestra malicia está a punto de arruinar,
la luz que guíe nuestros ímpetus generosos y nuestras secretas aspiraciones.
Para que junto a ellos aprendamos cómo debemos amarte y cómo se edifica,
en el trabajo cotidiano, la eterna cátedra de Dios.
Amén.

María, Madre mía,
ruega por nuestro hogar

Haz de nuestro hogar
un sitio de tu amor,
que no haya injuria
porque tú nos das comprensión,
que no haya amargura
porque tú nos bendices,

74

que no haya egoísmo
porque tú nos alientas,
que no haya abandono
porque tú estás con nosotros,
que sepamos marchar hacia ti
en nuestro diario vivir.

Que cada mañana amanezca
un día más de entrega y sacrificio.

Que cada noche nos encuentres
junto a ti, unidos en tu amor
hasta que nos admitas
en tu casa del cielo.
Amén.

Oración del enfermero o enfermera

Señor, tú, que sabes mi deber de asistir a los enfermos, haz que yo les sirva no solamente con las manos, sino también con el corazón; haz que yo los cure. Amén.

Señor, tú, que has tenido piedad para todo humano sufrimiento, haz fuerte mi espíritu, seguro mi brazo, al curar a los enfermos, auxiliar a los heridos, animar a los angustiados y a los moribundos; pero conserva sensible mi alma al dolor ajeno, delicada mi palabra, dulce mi trato, paciente mi guardia. Amén.

Señor, tú, que has creado la naturaleza humana compuesta de alma y cuerpo, infúndeme respeto por la una y por el otro, enséñame a consolar el alma afligida curando el cuerpo enfermo. Amén.

Señor, tú, que has dicho que es hecho a ti el bien prodigado a los que sufren, haz que te vea a ti en ellos y a ellos en ti. Amén.

Señor, tú, que has prometido no dejar sin premio ni siquiera un vaso de agua dado por tu amor, guárdame la recompensa que sólo tú puedes dar a este mi trabajo, que quiero cumplir con piedad y con amor. Amén.

Y tú, María consoladora de los afligidos y salud de los enfermos, sé también para mí maestra de sabiduría y madre benigna. Amén.

(Paulo VI)

Oración del periodista

Señor, he aquí que me has puesto en el camino de ser misionero de tu luz y tu verdad en el Medio de la prensa.

Concédeme pues, el don de satisfacer en todos, la nobilísima necesidad de la inteligencia por conocer la verdad del acontecer humano. Para que al hacerlo con respeto y oportunidad, esté ensanchando cotidianamente los dominios de la Verdad y preparando a las voluntades los dominios al servicio del bien.

Haz que mis escritos defiendan las causas nobles del pueblo.

Haz que informe para construir.

Que provoque la risa con el fin trascendente de evitar el llanto.

Y que llegue a ser desde las columnas del periódico, ese maestro, ese obrero, ese soldado, ese hermano del pueblo de cuya misión se espera orientación y enseñanza.

Entonces Señor, haz que mi trabajo esté inspirado en la Luz de tu Verdad y en la ley de tu justicia; para que así, logre hacer ágil lo que es sólido, hacer atractivo lo que es serio, hacer alegre lo que es Santo y dar a las Verdades Eternas el aire de sorpresa apasionante de las últimas noticias.

Tú que eres el Camino, la Verdad y la Vida, dame todo eso Señor, para que pueda realizar mi misión de periodista.

(Jesús Pavlo Tenorio)

Oración del Apóstol

Señor, tú has dicho, que debemos ser la sal de la tierra.

La sal da sabor a los alimentos.

Ella impide que la corrupción penetre o sea extendida.

Pero, si ha de ser útil, tiene que conservar su fuerza.

Señor, yo debo ser la sal de la tierra; debo comunicar a los hombres gusto por la vida, atrayéndolos a tu servicio; debo enseñarles que el trabajo, unido al tuyo, no es amargo, ni el sufrimiento, ni la pobreza, ni la incomprensión.

Debo impedir que el pecado sea corrupción del alma, penetre todavía más en el mundo, he de combatirlo, eliminarlo, si fuera posible.

Mas para que mi acción sea eficaz, Señor, dame la fuerza del reactivo, que yo no sea como esa sal desabrida que hay que tirar porque no sirve para nada. Amén.

(Lelotte)

Oración del comunicador

Dios,
que para comunicar tu amor
a los hombres,
has enviado a tu Hijo, Jesucristo,
y lo has constituido:
Maestro, Camino, Verdad y Vida
de la humanidad;
concédenos utilizar
los medios de comunicación social:
prensa, cine, radio, televisión, discos, cassettes
para la manifestación de tu gloria
y la promoción
de los hombres.
Suscita personas capaces de cumplir
esta multiforme misión.
Anima a los hombres de buena voluntad
para que contribuyan
con la oración, la acción
y la ayuda económica
a que la Iglesia
anuncie el Evangelio
a todos los pueblos
con estos instrumentos.
Amén.

(Santiago Alberione)

Oración del receptor

Jesús, Maestro divino,
te alabamos y bendecimos
por haber dado a los hombres
la capacidad de descubrir
las nuevas técnicas audiovisuales:
el cine, la radio y la televisión.
Todo lo creaste para nosotros,
como nosotros somos para Cristo.
Todos estos inventos cantan también tu gloria,
como Creador y Salvador.
No nos dejes caer en la tentación, Señor,
y líbranos de abusar de estos dones,
que con tanta abundancia
y amor nos has prodigado.
Anima y guía a los responsables
de esos medios
para que obren con amor,
con respeto de la inocencia
y de la dignidad de los hombres.
Haz que difundan siempre la buena semilla,
y vigilen para que el Maligno
no la destruya,
sembrándole encima la cizaña.
Ilumina a espectadores y oyentes
para que, apartándose
de los manantiales contaminantes,
busquen siempre la fuente de agua viva.
Con el fin de corregir los abusos y escándalos
difundidos en el mundo con estos medios.

(Santiago Alberione)

III.

DEVOCIONES DEL CRISTIANO

1. A LA SANTÍSIMA TRINIDAD

Consagración a la Santísima Trinidad

Trinidad Santísima:
Padre, Hijo y Espíritu Santo,
presente y operante en la Iglesia
y en la profundidad de mi ser;
te adoro, te doy gracias y te amo.
Y por las manos de María,
mi madre Santísima,
a ti me ofrezco, entrego y consagro
como hermano y discípulo.
Espíritu Santo,
a ti me ofrezco, entrego y consagro
como "templo vivo" para ser santificado.
María, Madre de la Iglesia y madre mía,
tú que estás en íntima unión
con la Santísima Trinidad,
enséñame a vivir en comunión
con las tres divinas personas,
a fin de que toda mi vida sea siempre "gloria al Padre, al Hijo y al Espíritu Santo".
Amén.

(Santiago Alberione)

Oración a la Santísima Trinidad

Te adoro, Santísima Trinidad, Padre, Hijo y Espíritu Santo, tres personas y un solo Dios. Me postro en el abismo de mi nada ante tu divina majestad.

Creo firmemente y estoy dispuesto a dar la vida en testimonio de todo lo que nos ha revelado en la Sagrada Escritura y de los misterios que por medio de tu Iglesia nos has manifestado.

En ti deposito mi confianza; y de tu mano, Dios mío, vida única, esperanza mía, deseo, espero y quiero recibir todos los bienes, espirituales o corporales, que pueda alcanzar en esta vida o en la otra. Desde hoy y para siempre te consagro mi cuerpo y mi alma, todas mis potencias, la memoria, el entendimiento, la voluntad y todos mis sentidos.

Te prometo no consentir jamás, en cuanto esté de mi parte, en que se infiera la más mínima ofensa a tu divina majestad.

Propongo firmemente dedicar toda mi existencia, mis facultades y energías, a tu servicio y gloria.

Estoy dispuesto a sobrellevar todas las adversidades que tu mano paternal quiera imponerme para dar gusto a tu corazón.

Quisiera esforzarme con todo mi ser, para que todos sirvan, glorifiquen y amen a Dios su Creador.

Me gozo intensamente de tu eterna felicidad, y me siento jubiloso por tu gran gloria en el cielo y en la tierra.

Te doy infinitas gracias por los innumerables beneficios concedidos, a mí y al mundo entero, y por los que continuamente, día tras día, concede tu benigna providencia.

Amo tu infinita bondad por sí misma con todo el afecto de mi corazón y de mi alma: y desearía si me fuera posible, amarte como te aman los ángeles y los justos, con cuyo amor uno el mío.

A tu divina majestad, en unión de los méritos de la pasión, vida y muerte de Cristo, de la bienaventurada siempre Virgen y de todos los santos, ofrezco desde ahora para siempre todas mis obras, purificadas por la preciosísima sangre de nuestro Redentor Jesús.

Quiero participar, en lo posible, de las indulgencias obtenidas por medio de las oraciones y obras, y deseo aplicarlas como sufragio por las almas del purgatorio.

Quiero también ofrecer, en la medida de mis fuerzas satisfacción y penitencia por todos mis pecados.

Dios mío, siendo tú infinitamente digno de todo amor y servicio, por ser quien eres: me arrepiento de todo corazón de mis pecados, y los detesto más que todos los males, puesto que tanto te desagradan a ti. Dios mío, a quien amo sobre todas las cosas: te pido humildemente perdón, y hago firme propósito de nunca ofender a tu divina bondad.

Oración de humildad y de confianza a la Santísima Trinidad

Santísima y adorable Trinidad,
heme aquí postrado delante de Ti
para rendir homenaje a tu divina Majestad.
Te consagro en estos momentos de oración,
todas mis palabras,
todos mis pensamientos,
todas mis resoluciones.

No soy digno, Dios mío,
de recibir nuevas luces ni nuevas ayudas
por el mal uso que he hecho de tus dones.

Sin embargo, acudo a ti con entera confianza,
como a Padre bueno y misericordioso,
y te ruego por los méritos de Jesucristo, mi
  Salvador,

y por la intercesión de la Virgen María, mi
   Madre,
y de todos mis santos patronos,
que quieras otorgarme la gracia
de buscarte con humildad, sinceridad
y absoluta generosidad. Amén.

Oración de absoluta confianza
a la Santísima Trinidad

Padre eterno, pongo toda mi confianza en ti.
Hijo de Dios, tú eres mi esperanza.
Espíritu divino, tú eres mi amor.
Padre eterno, sé la perfección de mi alma.

Hijo de Dios, sé su Luz.

Espíritu divino, sé siempre su motor.
Padre eterno, tú serás un día mi gozo completo.

Hijo de Dios, tú serás mi verdad.
Espíritu divino, tú serás mi vida.

(I.H.)

Oración de entrega a la Santísima Trinidad

¡Oh Dios mío, Trinidad adorable, ayúdame a ol-
vidarme por entero para establecerme en ti!...
¡Oh mi Cristo amado, crucificado por amor!
Siento mi impotencia y te pido que me revistas de ti
mismo, que identifiques mi alma con todos los movi-
mientos de tu alma; que me sustituyas, para que mi
vida no sea más que una irradiación de tu propia
vida. Ven a mí como adorador, como reparador y
como salvador...

¡Oh fuego consumidor, Espíritu de amor! Ven a mí, para que se haga en mi alma una como encarnación del Verbo; que yo sea para él una humanidad sobreañadida en la que él renueve todos sus misterios.

Y tú, ¡oh Padre!, inclínate sobre tu creatura; no veas en ella más que a tu amado en el que has puesto todas tus complacencias.

¡Oh mis tres, mi todo, mi dicha, soledad infinita, inmensidad en que me pierdo! Me entrego a vos como una presa; sepultaos en mí para que yo me sepulte en vos, en espera de ir a contemplar en vuestra luz el abismo de vuestra grandeza.

(Sor Isabel de la Trinidad)

Oración de San Francisco a la Santísima Trinidad

Tú eres santo, Señor Dios único, que haces maravillas.

Tú eres fuerte, tú eres grande, tú eres altísimo.

Tú eres rey omnipotente, tú eres Padre santo, Rey del cielo y de la tierra.

Tú eres trino y uno, Señor Dios, todo bien.

Tú eres el bien, todo bien, sumo bien, Señor Dios, vivo y verdadero.

Tú eres caridad y amor, tú eres sabiduría.

Tú eres humildad, tú eres paciencia, tú eres seguridad.

Tú eres quietud, tú eres gozo y alegría.

Tú eres justicia y templanza.

Tú eres todas nuestras riquezas a satisfacción.

Tú eres hermosura, tú eres mansedumbre.

Tú eres protector, tú eres custodio y defensor.
Tú eres fortaleza, tú eres refrigerio.
Tú eres esperanza nuestra, tú eres fe nuestra.
Tú eres la gran dulzura nuestra.
Tú eres la vida eterna nuestra, grande y admirable
Señor, Dios omnipotente,
      misericordioso salvador.

Trisagio a la Santísima Trinidad

V. Señor, abre mis labios.
R. Y mi boca proclamará tu alabanza.
V. Dios mío, ven en mi auxilio.
R. Señor, date prisa en socorrerme.
V. Gloria al Padre, y al Hijo, y al Espíritu Santo.
R. Como era en el principio, ahora y siempre,
   por los siglos de los siglos. Amén.

Acto de preparación

Dios, Uno en Esencia y Trino en personas: aquí
tienes una de tus humildes creaturas que reconoce
en sí la venerable imagen de tu Trinidad Santa.
Confieso que no he cumplido con las obligaciones
a que me empeña el honor de esta divina semejanza. He pecado, Dios mío; pero nunca negué, sino
he creído constantemente en el Padre, en el Hijo,
y en el Espíritu Santo: que el Padre no tiene principio alguno; que el Hijo es producido por el Padre, a quien es consustancial, y que el Espíritu
Santo procede del Padre y del Hijo; de cuyo amor
recíproco es término también consustancial a ambos. Que el Padre no es primero que el Hijo, ni los
dos primeros que el Espíritu Santo. Adoro al Pa-

86

dre como Dios, al Hijo como Dios y al Espíritu Santo como Dios; y con todo, en los tres sólo creo y adoro un solo Dios. Yo no entiendo, Señor, este misterio; pero cautivo mi entendimiento en obsequio de la fe, para mayor gloria tuya y mérito mío. Ofrezco estos profundos sentimientos de religión, de reverencia y amor, como unos votos gratos a tu santidad, para que por ellos perdones tantas ofensas cometidas por mí, contra tu Majestad increada. A ti suspira la trinidad miserable de mis potencias: mi memoria enferma de fragilidad, mi entendimiento lleno de ignorancia, mi voluntad contagiada de inclinación al mal. Sánala, santifícala y concédeme tu gracia para que jamás falte a los propósitos que te has dignado inspirarme.

Yo prometo de todo corazón, dedicarme desde hoy en adelante, a vivir cristianamente, ayudado de tu santa gracia y a invocar el Misterio de tu Augusta Trinidad en quien espero encontrar misericordia, piedad y ayuda para siempre. Amén.

V. Santo Dios, Santo Fuerte, Santo Inmortal.
R. Ten misericordia de nosotros.

Con los Serafines

Se reza un Padrenuestro y un Gloria al Padre y en seguida se dice la siguiente invocación nueve veces:

V. Santo, Santo, Santo, Señor Dios de los ejércitos.
R. Llenos están los cielos y la tierra de tu gloria.

Luego se añade:

V. Gloria al Padre, y al Hijo, y al Espíritu Santo.
R. Como era en el principio, ahora y siempre, por los siglos de los siglos. Amén.

V. Santo Dios, Santo Fuerte, Santo Inmortal.
R. Ten misericordia de nosotros.

Con los Querubines

Se reza un Padrenuestro y un Gloria al Padre y en seguida se dice
la siguiente invocación nueve veces:

V. Santo, Santo, Santo, Señor Dios de los ejércitos.
R. Llenos están los cielos y la tierra de tu gloria.

Luego se añade:

V. Gloria al Padre, y al Hijo, y al Espíritu Santo.
R. Como era en el principio, ahora y siempre, por
   los siglos de los siglos. Amén.
V. Santo Dios, Santo Fuerte, Santo Inmortal.
R. Ten misericordia de nosotros.

Con los Tronos

Se reza un Padrenuestro y un Gloria al Padre y en seguida se dice
la siguiente invocación nueve veces:

V. Santo, Santo, Santo, Señor Dios de los ejércitos.
R. Llenos están los cielos y la tierra de tu gloria.

Luego se añade:

V. Gloria al Padre, y al Hijo, y al Espíritu Santo.
R. Como era en el principio, ahora y siempre, por
   los siglos de los siglos. Amén.
V. Santo Dios, Santo Fuerte, Santo Inmortal.
R. Ten misericordia de nosotros.

Oración a Dios Padre

Omnipotente y Sempiterno Dios Padre, que con
tu Unigénito Hijo y con el Espíritu Santo eres un
solo Dios, Uno en la Esencia y Trino en las perso-

nas. Yo te adoro, venero y bendigo con las tres angélicas Jerarquías; y con los tres Coros de la primera: amantes Serafines, sabios Querubines y excelsos Tronos, te aclamo Santo, Santo, Santo, poderoso y eterno Padre del Verbo Divino, principio del Espíritu Santo, Señor de los cielos y tierra, a quien sea gloria por los siglos de los siglos. Amén.

Con las Dominaciones

Se reza un Padrenuestro y un Gloria al Padre y en seguida se dice la siguiente invocación nueve veces:

V. Santo, Santo, Santo, Señor Dios de los ejércitos.
R. Llenos están los cielos y la tierra de tu gloria.

Luego se añade.

V. Gloria al Padre, y al Hijo, y al Espíritu Santo.
R. Como era en el principio, ahora y siempre, por los siglos de los siglos. Amén.
V. Santo Dios, Santo Fuerte, Santo Inmortal.
R. Ten misericordia de nosotros.

Con las Virtudes

Se reza un Padrenuestro y un Gloria al Padre y en seguida se dice la siguiente invocación nueve veces:

V Santo, Santo, Santo, Señor Dios de los ejércitos.
R Llenos están los cielos y la tierra de tu gloria.

Luego se añade:

V. Gloria al Padre, y al Hijo, y al Espíritu Santo.
R. Como era en el principio, ahora y siempre, por los siglos de los siglos. Amén.
V. Santo Dios, Santo Fuerte, Santo Inmortal.
R. Ten misericordia de nosotros.

Con las Potestades

Se reza un Padrenuestro y un Gloria al Padre y en seguida se dice la siguiente invocación nueve veces:

V. Santo, Santo, Santo, Señor Dios de los ejércitos.

R. Llenos están los cielos y la tierra de tu gloria.

Luego se añade:

V. Gloria al Padre, y al Hijo, y al Espíritu Santo.

R. Como era en el principio, ahora y siempre, por los siglos de los siglos. Amén.

V. Santo Dios, Santo Fuerte, Santo Inmortal.

R. Ten misericordia de nosotros.

Oración a Dios Hijo

Sabio y soberano Dios Hijo hecho Hombre por nosotros, que con tu Eterno Padre y Divino Espíritu eres un solo Dios, Uno en Esencia y Trino en las personas. Yo te venero, bendigo y adoro con las tres Jerarquías de los Angeles; y con los Coros de la segunda: Dominaciones, Virtudes y Potestades, te aclamo Santo, Santo, Santo, omnipotente, Verbo Divino y Unigénito Hijo de Dios, principio del Espíritu Santo, Señor de los cielos y tierra, a quien sea gloria por los siglos de los siglos. Amén.

Con los Principados

Se reza un Padrenuestro y un Gloria al Padre y en seguida se dice la siguiente invocación nueve veces:

V. Santo, Santo, Santo, Señor Dios de los ejércitos.

R. Llenos están los cielos y la tierra de tu gloria.

Luego se añade:

V. Gloria al Padre, y al Hijo, y al Espíritu Santo.

R. Como era en el principio, ahora y siempre, por los siglos de los siglos. Amén.

V. Santo Dios, Santo Fuerte, Santo Inmortal.

R. Ten misericordia de nosotros.

Con los Arcángeles

Se reza un Padrenuestro y un Gloria al Padre y en seguida se dice la siguiente invocación nueve veces:

Santo, Santo, Santo, Señor Dios de los ejércitos.
Llenos están los cielos y la tierra de tu gloria.

Luego se añade:

Gloria al Padre, y al Hijo, y al Espíritu Santo.
Como era en el principio, ahora y siempre, por
los siglos de los siglos. Amén.
Santo Dios, Santo Fuerte, Santo Inmortal.
Ten misericordia de nosotros.

Con los Angeles

Se reza un Padrenuestro y un Gloria al Padre y en seguida se dice la siguiente invocación nueve veces:

Santo, Santo, Santo, Señor Dios de los ejércitos.
Llenos están los cielos y la tierra de tu gloria.

Luego se añade:

Gloria al Padre, y al Hijo, y al Espíritu Santo.
Como era en el principio, ahora y siempre, por
los siglos de los siglos. Amén.
Santo Dios, Santo Fuerte, Santo Inmortal.
Ten misericordia de nosotros.

Oración a Dios Espíritu Santo

Amante **Dios**, Espíritu Santo, Amor Divino, que con
el Eterno **Padre** y su Unigénito Hijo eres un solo Dios,
Uno en la **Esencia** y Trino en las personas. Yo te bendigo, adoro y venero con las Jerarquías angélicas; y con
los tres Coros de la tercera: Principados, Arcángeles y
Angeles, te aclamo Santo, Santo, Santo, Divino Amor
y suavísima unión del Eterno Padre y del Hijo, proce-

91

diendo en amor de uno y otro, Señor de los cielos y tierra, a quien sea gloria por los siglos de los siglos. Amén.

Antífona

Tres son los que dan testimonio en el cielo, el Padre, el Verbo y el Espíritu Santo, y estos tres son una misma cosa.

V. Bendigamos al Padre, y al Hijo y al Espíritu Santo.
R. Alabémosle y ensalcémosle por todos los siglos.

Oración

Altísimo e incomprensible Dios, que dentro del Santuario de tu divina naturaleza, donde nadie entra, tienes encerrado el Misterio de tu Trinidad Santa, a quien no se puede correr el velo para verla de lleno, sino que todas las creaturas debemos adorarla profundamente desde fuera: dígnate recibir nuestros humildes votos, deprecaciones y alabanzas, que presentamos reverentemente al pie del trono de tu inefable Majestad, por los merecimientos de nuestro Señor Jesucristo, que contigo vive y reina en unidad del Espíritu Santo y es Dios por todos los siglos de los siglos. Amén.

Gozos

A Dios Trino y Uno

¡Oh Señor Dios! En dulce canto
Te alaban los Querubines
Y Angeles y Serafines
Dicen Santo, Santo, Santo.
Eterna y pura Deidad
De incomparable excelencia,
Que en la Unidad de tu esencia

Encierras la Trinidad:
De nuestra fe la humildad
Te adoro en sencillo canto.
Angeles, etc.

Tu piedad y tu ternura
Van diciendo las edades,
Y en el mar de sus bondades
Se pierde toda criatura
Tú disipas la amargura.
Y enjugas el triste llanto.
Angeles, etc.

Tú del hombre delincuente
Tiernos suspiros recoges,
Y sus plegarias acoges
Porque eres Padre clemente.
¿Quién, amándote, no siente
Trocarse en dicha el quebranto?
Angeles, etc.

Nuestros padres celebraron
Con sus cánticos de gloria
De tus prodigios la historia,
Que gozosos admiraron.
La fe, Señor, nos legaron,
Que es nuestro escudo y encanto.
Angeles, etc.

Cuando tu justa venganza
Con plagas al hombre aterra,
Y hace estremecer la tierra,
Y airada sus rayos lanza;
La luz de nuestra esperanza
En tu nombre sacrosanto.
Angeles, etc.

93

Tus excelsas bendiciones
Derrama pródigo y tierno,
Y a tus hijos ¡Dios eterno!
Colma de inefables dones.
Tanto bien, prodigio tanto.
Angeles, etc.

¡Quién del amante Isaías
Ardiera en el sacro fuego,
Para alzar su humildad ruego
En divinas melodías!
Supla a nuestras voces frías
La tierra, el mar: entre tanto.
Angeles, etc.

Por el misterio que adora,
¡Oh Dios! Tu escogida grey,
Siga tu divina ley,
Y de la muerte en la hora,
Con su sombra bienhechora
Nos cubra tu regio manto.
Angeles, etc.

¡Señor Dios! En dulce canto
Te alaban los Querubines,
Y Angeles y Serafines
Dicen Santo, Santo, Santo.

Antífona

Bendita seas, Santa Trinidad y Unidad indivisible de
nuestro Dios; nosotros confesamos este Misterio Au-
gusto de tu Ser, con cuanta reverencia podemos, porque no cesas de ejercitar en nosotros tu misericordia.

V.
D.
Bendito eres, Señor, en el firmamento del cielo.
Y llena está de tu gloria toda la tierra.

Omnipotente y sempiterno Dios, que has concedido a tus siervos la gracia de conocer en la confesión de la verdadera fe la gloria de la eterna Trinidad de tus personas, y de adorar en el poder de la Majestad la Unidad de tu incomprensible naturaleza, nosotros te suplicamos, que por la firmeza de esta misma fe, seamos libres de todo género de adversidades. Por nuestro Señor Jesucristo, que contigo vive y reina en unidad del Espíritu Santo y es Dios por todos los siglos de los siglos. Amén.

Himno de acción de gracias (Te Deu

Señor, Dios eterno, alegres te cantamos,
a ti nuestra alabanza,
a ti, Padre del cielo, te aclama la creación.

Postrados ante ti, los ángeles te adoran
y cantan sin cesar:

Santo, santo, santo es el Señor,
Dios del universo;
llenos están el cielo y la tierra de tu gloria.

A ti, Señor, te alaba el coro celestial de los apóstoles,
la multitud de los profetas te enaltece,
y el ejército glorioso de los mártires te aclama.

A ti la Iglesia santa,
por todos los confines extendida,
con júbilo te adora y canta tu grandeza:

Padre, infinitamente santo,
Hijo eterno, unigénito de Dios,
Santo Espíritu de amor y de consuelo.

Oh Cristo, tú eres el Rey de la gloria,
tú el Hijo y Palabra del Padre,
tú el Rey de toda la creación.

Tú, para salvar al hombre,
tomaste la condición de esclavo
en el seno de una virgen.

Tú destruiste la muerte
y abriste a los creyentes las puertas de la gloria.

Tú vives ahora,
inmortal y glorioso, en el reino del Padre.

Tú vendrás algún día,
como juez universal.

Muéstrate, pues, amigo y defensor
de los hombres que salvaste.

Y recíbelos por siempre allá en tu reino,
con tus santos elegidos.

Salva a tu pueblo, Señor,
y bendice a tu heredad.

Sé su pastor,
y guíalos por siempre.

Día tras día te bendecimos
y alabaremos tu nombre por siempre jamás.

Dígnate, Señor,
guardarnos del pecado en este día (noche).

Ten piedad de nosotros, Señor,
ten piedad de nosotros.

Que tu misericordia, Señor, venga sobre nosotros,
como lo esperamos de ti.

A ti, Señor, me acojo,
no quede yo nunca defraudado. **Amén.**

2. A DIOS PADRE

Acto de abandono al Padre

Padre,
me pongo en tus manos.
Haz de mí lo que quieras.
Sea lo que fuere,
por ello te doy las gracias.
Estoy dispuesto a todo.

Lo acepto todo,
con tal de que se cumpla
tu voluntad en mí
y en todas tus creaturas.
No deseo nada más Padre.

Te encomiendo mi alma,
te la entrego
con todo el amor de que soy capaz,
porque te amo y necesito darme,
ponerme en tus manos sin medida,
con infinita confianza,
porque tú eres mi Padre.

(Ch. de Foucauld)

Padre, te ofrezco mi vida

Padre, me dirijo a ti... ¡Qué hermoso es ser hijo
tuyo!... Aquí me tienes, obra en mí, talla y corta,
levántame o déjame completamente solo, jamás
te haré la injuria de temer o de creer que me has
olvidado. Señor, Dios, te ofrezco mi vida para

que hagas de ella lo que te plazca, para que realices en ella la vida de Jesucristo.

(P. Lyonnet)

Padre, enséñame a descubrir tu amor

Padre, de todos los beneficios que Jesús nos adquirió con sus sufrimientos, el mayor de todos es que tú seas mi Padre.

Dios mío, fuente de toda vida y fuente de mi vida, creo que eres mi Padre y que soy tu hijo. Creo que tú me amas con un amor sin límites y que por amor me has atraído a ti.

¡Creo, Padre, pero fortalece mi fe, mi esperanza y mi amor!

Padre, cuando la tormenta entenebrece mi alma y acongoja mi corazón, tanto más siento la urgencia de decirte: ¡Creo, Padre, en tu amor para conmigo!

Creo que de noche y de día velas por mí y que ni siquiera un cabello de mi cabeza se perderá, si tú no lo permites.

Creo que eres infinitamente sabio y que conoces mejor que yo cuanto me conviene.

Creo que eres infinitamente poderoso y que del mal puedes sacar bienes.

Creo que eres infinitamente bueno y que haces que todo ceda en bien de los que te aman.

¡Creo, Padre, pero aumenta mi fe, mi esperanza y mi amor!

Enséñame a descubrir tu amor de Padre a través de todas las personas y cosas que encuentre en mi vida.

Enséñame a dejarme conducir por tu incomparable Providencia, como un hijo que en la noche sujeta la mano de su Padre.

Creo, Padre, pero aumenta mi fe, mi esperanza y mi amor.

(P. Meschler)

Padre, tú eres mi bienhechor

Padre, porque me creaste, te adoro;
porque eres mi fin, te deseo;
porque eres mi bienhechor, te doy gracias;
porque eres mi salvación, te invoco.

(Clemente XI)

Padre, tú lo eres todo

Señor, tú lo eres todo
y yo no soy nada.
Tú eres el Creador de todas las cosas,
tú el que conservas todo el universo,
y yo no soy nada.

(San Francisco de Asís)

Te adoro, Creador incomprensible

Creador incomprensible, yo te adoro. Soy ante ti como un poco de polvo, un ser de ayer, de la hora pasada. Me basta retroceder sólo unos pocos años, y no existía todavía...

Las cosas seguían su curso sin mí. Pero tú existes desde la eternidad.

¡Oh Dios! Desde la eternidad te has bastado a ti mismo, el Padre al Hijo y el Hijo al Padre. ¿No deberías también poder bastarme a mí, tu pobre criatura?... En ti encuentro todo cuanto puedo anhelar. Me basta si te tengo...

¡Dáteme a mí como yo me doy a ti, Dios mío! ¡Dáteme tú mismo! Fortaléceme, Dios todopoderoso, con tu fuerza interior; consuélame con tu paz, que siempre permanece; sáciame con la belleza de tu rostro; ilumíname con tu esplendor increado; purifícame con el aroma de tu santidad inexpresable; déjame sumergirme en ti y dame de beber del torrente de tu gracia cuanto puede apetecer un hombre mortal, de los torrentes que fluyen del Padre y del Hijo: de la gracia de tu amor eterno y consustancial.

(Cardenal Newman)

> **"Dios te habló, está contigo, te ama y tiene un plan sobre ti. No lo rechaces".**

3. A JESUCRISTO

Vía Crucis

Oraciones iniciales

En el nombre del Padre, y del Hijo y del Espíritu Santo. Amén.
Acto de contrición

Jesucristo, mi Dios y mi Salvador: yo me arrepiento de corazón de todos los pecados que he cometido, porque con ellos ofendí a un Dios tan bueno. Propongo firmemente no volver a pecar. Confío en que me perdonarás mis culpas y me llevarás a la vida eterna, porque eres bueno. Amén.
Ofrecimiento

Señor mío Jesucristo que nos invitas a tomar la Cruz y seguirte, caminando tú delante para darnos ejemplo: danos tu luz y tu gracia al meditar en este Vía Crucis tus pasos para saber y querer seguirte. Madre Dolorosa: inspíranos los sentimientos de amor con que acompañaste en este camino de amargura a tu Divino Hijo. Amén.

Al principio de cada estación se dice:

Te adoramos, Cristo, y te bendecimos, que por tu santa cruz redimiste al mundo.
Y a mí, pecador. Amén.

Después de cada estación se dice:

–Señor, pequé, ten misericordia de mí.
–Pecamos y nos pesa; ten misericordia de nosotros que por nosotros padeciste.

Se añade a cada estación:

Un Padre nuestro, Dios te salve María y Gloria al Padre.

Primera estación

JESUS ES CONDENADO A MUERTE

Pilato mandó sacar a Jesús y dijo a los judíos: "Aquí tenéis a vuestro rey". Pero ellos le gritaban: "¡Fuera, fuera, crucifícalo!" Pilato les dice: "Pero ¿cómo he de crucificar a vuestro rey?" Respondieron los príncipes de los sacerdotes: "Nosotros no tenemos más rey que al César". Entonces se los entregó para que fuera crucificado (Juan 19, 13-16).

Jesús acepta la sentencia de muerte. Hoy Cristo es nuevamente condenado a muerte, maltratado y crucificado en cada uno de nosotros y en cada hombre, cada vez que pensamos mal, que hablamos precipitadamente, cuando enjuiciamos y condenamos sin justicia o nos movemos en el mundo obrando sin amor. Recordemos las palabras del Evangelio: "Sed misericordiosos como vuestro Padre es misericordioso" (Lucas 6,36).

Señor, que al recordar la condena injusta que tú sufriste, nos cuidemos de no condenar a los demás...

Segunda estación

JESUS CON LA CRUZ A CUESTAS

Los judíos tomaron a Jesús y cargándole la cruz, salió hacia el lugar llamado Calvario (Juan 19,17).

La cruz es colocada sobre los hombros de Cristo y él debe llevarla hasta el Calvario. A pesar de su extrema debilidad, Jesús la recibe. También nosotros recibimos todos los días una cruz que debemos llevar. Y nuestra cruz no es de madera sino de pequeñas cosas que forman nuestro día: trabajo, sufrimientos, enfermedades, incomprensiones, cansancio, nerviosismos, etc. Recordemos las palabras del Evangelio: "Si alguno quiere venir en pos de mí, niéguese a sí mismo, tome su cruz de cada día y sígame" (Lucas 9,23).

Señor, concédenos, para hacernos dignos de ti, el saber aceptar nuestras cruces de cada día, con amor.

Tercera estación

JESUS CAE POR PRIMERA VEZ

He ofrecido mi espalda a los que me golpeaban, y mis mejillas a los que me arrancaban la barba;

no aparté la cara ni de los ultrajes ni de las salivas
que me echaban (Isaías 50,6).

Jesús cae. Muchos brazos se extienden hacia él, pero ninguno para ayudarlo. Son manos de hierro, manos pesadas prontas a golpear... Muchas veces a lo largo de nuestro camino nos encontramos con personas que sufren, están desalentadas, abatidas por la pobreza y otros sufrimientos... ¿Qué haremos nosotros para levantar al Cristo caído en las personas de aquellos que sufren o se encuentran solos?

Señor, todo aquel que camina, cae. Que sepamos levantarnos y ayudemos a los demás a seguir caminando.

Cuarta estación

JESUS ENCUENTRA
A SU SANTISIMA MADRE

Una espada atravesará tu corazón (Lucas 2,35).

Jesús encuentra a su Santísima Madre en el camino. El sangra y ella tiene el espíritu traspasado por el dolor. Es un encuentro de corazones unidos en la misma causa. El hombre constantemente se interroga sobre el sentido del dolor, de su validez en la vida humana. El dolor es condición esencial de vida. El crecimiento de la persona provoca a cada momento rupturas dolorosas que son indispensables para desarrollarse. Posiblemente, muy cerca de nosotros, entre los amigos, en nuestra misma casa tal vez, alguien necesita de nuestros sacrificios, como testimonio de amor solidario.

Señor, que nosotros seamos para quienes nos rodean una presencia de paz, y un estímulo que aliente a seguir caminando...

Quinta estación

EL CIRINEO
AYUDA A JESUS A LLEVAR LA CRUZ

Cuando llevaban a Jesús al Calvario, detuvieron a un cierto Simón de Cirene, que volvía del campo, y lo cargaron con la cruz, para llevarla, detrás de Jesús (Lucas 23,26).

Simón tomó sobre sus hombros la cruz para ayudar a nuestro Salvador en la obra de la Redención. Nosotros, al ayudar a nuestros hermanos, también colaboramos en la obra de la Redención. Cuando prestamos ayuda al prójimo en sus penas y apuros, es a Jesús a quien ayudamos a llevar su cruz. En nuestra familia, en nuestra comunidad... ¿Somos capaces de dar un poco de nuestro tiempo y de nuestro amor? Pensemos en lo que nos dice Jesús: "Tratad a los hombres como queréis que ellos os traten a vosotros. Si amáis a los que os aman, ¿qué méritos tendréis?" (Lucas 6,27).

Señor, que sepamos donar un poco de nuestro tiempo y de nuestro amor a aquellos que lo necesitan.

LA VERONICA
LIMPIA EL ROSTRO DE JESUS

Muchos se horrorizaban al verlo, tan desfigurado estaba su semblante que no tenía ya aspecto de hombre (Isaías 52,14).

Jesús sangra por todas partes. Una mujer de entre el pueblo sale y limpia su rostro. Es una mujer valiente que afronta la situación cueste lo que cueste. Hoy el hombre no quiere sencillamente comprometerse con los valores más comunes de la vida humana. Y así permitimos que el mal prospere y que la injusticia triunfe; el pecado se cierne sobre el mundo y no tenemos el valor de afrontar cristianamente la situación.

Señor, ayúdanos a ser también como la Verónica: cristianos valerosos, para solidarizarnos con los que lloran y sufren.

Séptima estación

JESUS CAE POR SEGUNDA VEZ

Eran nuestros sufrimientos los que llevaba, nuestros dolores los que le pesaban... Ha sido traspasado por nuestros pecados, deshecho por nuestras iniquidades... (Isaías 53,4).

Jesús cayó. Todos los que caminamos, podemos caer. Nosotros también caemos por causa de nuestra debilidad, por nuestra fragilidad, por no saber resistir. Pero, después de alguna falla, si alguien nos da una mano, podemos volver a levantarnos. ¿Tenemos esa actitud de bondad y de amor frente al que ha fallado o se encuentra desesperado por su situación?

Señor, que no nos desalentemos frente a los fracasos o debilidades, sino que sepamos levantarnos y sigamos caminando.

Octava estación

JESUS CONSUELA A LAS PIADOSAS MUJERES

Seguían a Jesús una gran multitud del pueblo y de mujeres, que se golpeaban el pecho y lloraban por él. Pero Jesús, volviéndose a ellas, les dijo: "¡Hijas de Jerusalén!, no lloréis por mí; llorad más bien por vosotras y por vuestros hijos" (Lucas 23,27-28).

Jesús no pide compasión por él. De nada sirve lamentarse por los sufrimientos de los demás si no hacemos por ellos algo concreto. Cristo no se sometió a los sufrimientos para aparentar o pedir compasión. Cristo aceptó el dolor y lo amó para enseñarnos que por la cruz y el dolor se llega a la resurrección. Frente al dolor, lo importante es asumirlo y ayudar a los demás a superar los malos momentos, para que la alegría y el consuelo vuelvan a quienes lo necesitan. Cristo, frente a la viuda de Naím, no se limitó sólo a decirle: "No llores", sino que hizo algo muy concreto por ella, devolviéndole la vida a su hijo.

Señor, que nosotros sepamos asumir una actitud de fe, amor y esperanza frente a nuestro dolor y al sufrimiento de los demás.

Novena estación

JESUS CAE POR TERCERA VEZ

Venid a mí todos los que estáis cansados y oprimidos y yo os aliviaré. Cargad mi yugo sobre vosotros, y aprended de mí que soy manso y humilde de corazón, y encontraréis descanso para vuestras almas (Mateo 11, 28-29).

Pensando en Cristo maltratado... nosotros nos escandalizamos. Pero, escenas semejantes ocurren todos los días. Cuántas veces nosotros mismos permanecemos indiferentes frente al sufrimiento de otros que están a nuestro lado, y nos escondemos o escabullimos por temor a comprometernos y tenderles una mano... Y, ¿cuántas otras veces no habremos sido nosotros mismos causa de caída de otras personas? Recordemos que lo que hacemos al hermano lo estamos haciendo a Dios mismo.

Señor, que no seamos causa de tropiezo para los demás sino una mano amiga que alivia y levanta.

JESUS ES DESPOJADO
DE SUS VESTIDURAS

Llegados al lugar llamado Gólgota le dieron a beber a Jesús vino mezclado con hiel, pero él, habiéndolo probado, no quiso beber. Los que lo crucificaron se repartieron sus vestidos a suertes (Mateo 27,33).

Jesús termina de recorrer el camino que lo conduce hasta el lugar de su martirio final. Al llegar, es despojado de sus vestiduras ante la mirada angustiada e impotente de su madre. Jesús calla. No se queja ni se altera. Ha aceptado todo esto y por amor. Nosotros en cambio, a veces aceptamos el dolor con los labios y cuando llega nos asustamos y nos volvemos atrás. Nos quejamos, nos alteramos y ponemos el grito en el cielo. Jesús nos dice: "Nadie tiene mayor amor que el que da la vida por sus amigos".

Señor, cuando el dolor nos toque y nos despoje de nuestro egoísmo y orgullo, que sepamos llenarnos de tu amor.

JESUS ES CLAVADO EN LA CRUZ

Cuando llegaron al lugar llamado Calvario, crucificaron allí a Jesús y a dos malhechores, uno a la derecha y otro a la izquierda (Lucas 23,34).

Ha llegado el momento más doloroso de Cristo, ser clavado en la cruz. A pesar de todo el odio y el desprecio, Jesús encuentra palabras de perdón para los responsables de su muerte: "Padre, perdónalos, porque no saben lo que hacen". Y para hacer más palpable su perdón y amor nos regala a su Madre, para que ella nos guíe hacia Dios. "He ahí a tu Madre". Una herencia de perdón y de amor. Cristo perdona, disculpa y dona lo mejor que tiene: su Santa Madre. No hay otro camino. El que ama de verdad, sabe perdonar, disculpar... Cristo perdonó porque amó. Esa es nuestra vida si nos consideramos hijos de Dios, unos cristianos.

Señor, que tengamos el valor de saber perdonar siempre y a todos.

Duodécima estación

JESÚS MUERE EN LA CRUZ

Hacia la hora sexta, las tinieblas cubrieron la tierra hasta la hora nona. El sol se eclipsó y el velo del Templo se rasgó por medio. Y Jesús, con fuerte voz dijo: "Padre, en tus manos encomiendo mi espíritu". Y al decir esto, expiró (Lucas 23,44-46).

Jesús finaliza su misión. Muere para salvarnos, para quitar de nosotros la muerte eterna merecida por el pecado. Ahora, la muerte y el dolor se hacen llevaderos porque Cristo los venció. Después de la cruz llega la gloria. El dolor de Cristo nos redime, nos hace más humanos y nos lleva a comprender mejor el misterio de Dios.

Señor, ayúdanos a comprender que morir no es quedar muertos, sino vivir plenamente.

Decimotercera estación

JESUS EN LOS BRAZOS DE MARIA SANTISIMA

Un hombre llamado José, el cual era del Consejo, hombre bueno y justo, de Arimatea, ciudad judía, quien esperaba también el Reino de Dios, que no había estado de acuerdo en la resolución de ellos, en sus actos, fue a ver a Pilato y le pidió el cuerpo de Jesús. Después lo bajó, y lo amortajó en una sábana (Lucas 23, 50-53).

Jesús es descolgado de la cruz. María recibe en sus brazos a Jesús. María sufre por la muerte de su Hijo y de otra parte se alegra porque la muerte de su Hijo da vida a la nueva Humanidad, a la humanidad redimida. El Hijo inocente muere para dar vida y salvar al hijo que estaba perdido. Cristo nos salva muriendo por nosotros. María acepta el dolor de recibir muerto a su Hijo. Y en su Hijo, nacemos o volvemos a vivir todos nosotros.

Señor, que el dolor por quienes amamos nos lleve a comprender y a amar a aquellos que están lejos de nosotros.

Decimocuarta estación

JESUS ES PUESTO EN EL SEPULCRO

José tomó el cuerpo de Jesús, lo envolvió en una sábana limpia, y lo depositó en su propio sepulcro nuevo, que había hecho cavar en la roca. Hizo rodar una piedra grande a la puerta del sepulcro y se retiró (Mateo 27, 59-60).

Jesús no tuvo ni siquiera un sepulcro dónde descansar. Necesitó de sus amigos para que le prestaran una tumba. Allí fue enterrado esperando la gloriosa resurrección, el final de todo camino doloroso. Pero Jesús, como lo había prometido, no se queda en la tumba fría. Resucita glorioso, dando así un sentido de esperanza a toda muerte. Como Jesús, no estamos condenados a permanecer muertos sino a vivir para siempre porque Cristo resucitó y nosotros un día también resucitaremos como él.

Señor, que no tengamos miedo de morir porque la muerte es un paso a la Vida que eres tú.

112

LA RESURRECCION DE JESUS

¿Por qué buscáis entre los muertos al que vive?
No está aquí, ha resucitado (Lucas 24,5).

"Cristo resucitado de entre los muertos ya no
muere". En la mañana de Pascua, la tristeza se ha
tornado en alegría: para la Madre, para los discípulos, para todos nosotros los cristianos. "Si pa-
decemos con Cristo, seremos glorificados con él".
"¡Jesús ha Resucitado!" Que todos vivamos intensamente este misterio pascual.

Señor, haz que conozcamos mejor a Jesucristo,
que comprendamos su Resurrección, que partici-
pemos de sus dolores e imitemos su muerte para
llegar un día a vivir eternamente con él.

Oración final

Señor, hemos llegado al final de este camino
doloroso que tú recorriste. No sabemos, Señor,
si admirar más tus dolores o el grande amor que
has tenido con nosotros los hombres.

Tú nos conoces. Sabes cómo somos. Tú conoces el camino que llevamos recorrido. Tú ves
nuestros esfuerzos por querer hacer el bien a pesar de nuestras debilidades. Sólo queremos decirte una cosa:

En nuestro Vía Crucis necesitamos contar
contigo. Queremos ser fieles a la voluntad de

Dios sobre cada uno de nosotros. Aceptamos las alegrías y las cruces que nos ofreces, pero bien sabes que solos nada podemos.

Señor, queremos que tú cuentes con nosotros. Pero sobre todas las cosas queremos contar contigo, Señor.

Y queremos recordar las palabras de tu Evangelio: "No busquéis entre los muertos al que está vivo". No busquemos en el pasado lo que debemos construir para el futuro. Te lo pedimos por los dolores de tu Madre la Virgen María. Amén.

Oración a Jesucristo crucificado

Mírame, mi amado y buen Jesús, postrado en tu presencia. Te ruego con el mayor fervor imprimas en mí vivos sentimientos de fe, esperanza y caridad; verdadero dolor de mis pecados, propósito firmísimo de jamás ofenderte; mientras yo, con todo el amor y compasión de que soy capaz, contemplo tus cinco llagas, viendo lo que decía por ti el profeta David: "Han taladrado mis manos y mis pies y se pueden contar todos mis huesos".

Oración a la santa Cruz

Por los caminos en que penamos,
¡qué paz se siente, Señor, Dios mío,
cuando avistamos tu santa Cruz!

Cuando las altas cumbres pisamos,
siempre sabemos, Señor, Dios mío,
que encontraremos tu santa Cruz.

Mas cuando al cielo, por fin, vayamos,
entre esplendores, Señor, Dios mío,
comprenderemos tu santa Cruz.

(L. Arragon)

Oración a Cristo doliente

No me mueve, mi Dios, para quererte
el cielo que me tienes prometido;
ni me mueve el infierno tan temido
para dejar por eso de ofenderte.

Tú me mueves, Señor, muéveme el verte
clavado en una cruz y escarnecido;
muéveme el ver tu cuerpo tan herido,
muévanme tus afrentas y tu muerte.

Muéveme, en fin, tu amor, y en tal manera,
que, aunque no hubiera cielo, yo te amara,
y, aunque no hubiera infierno, te temiera.

No me tienes que dar porque te quiera;
pues, aunque cuanto espero no esperara,
lo mismo que te quiero te quisiera. Amén.

(Fray Miguel de Guevara)

Promesas del Sagrado Corazón de Jesús para quienes viven su espiritualidad

1. Les daré todas las gracias necesarias a su estado.
2. Daré paz a sus familias.
   Los consolaré en todas sus aflicciones.

4. **Seré refugio** seguro durante la vida y principalmente a la hora de la muerte.

5. **Hallarán** las bendiciones del cielo en todas sus empresas.

6. **Los pecadores** hallarán en mi Corazón el manantial y el océano infinito de la misericordia.

7. **Las almas tibias** se harán fervorosas.

8. **Las almas fervorosas** se elevarán rápidamente a la más alta perfección.

9. **Bendeciré** los sitios en que sea venerada la Imagen de mi Divino Corazón.

10. **Daré** a los sacerdotes el don de mover los corazones más empedernidos.

11. **Las personas** que propaguen esta devoción, tendrán escrito su nombre en mi Corazón y no será borrado jamás.

12. **Te prometo,** en la excesiva misericordia de mi Corazón, que su amor omnipotente concederá a *todos los que comulguen nueve primeros viernes del mes seguidos, la gracia de la penitencia final;* no morirán en mi desgracia y sin haber recibido los sacramentos: mi Corazón será su asilo en el último momento.

Oración para ofrecer la Comunión de los Primeros Viernes del mes

Corazón Sacratísimo de Jesús, que por el gran amor que nos tienes, te has dignado prometernos la perseverancia final y la gracia de no morir sin los santos sacramentos, haciéndote nuestro seguro refugio en el último instante de nuestra vida; con humildad te pido que cumplas en mí tu promesa, que tanta confianza y paz da a nuestros corazones. Yo, por mi parte, te prometo unirme más a ti y trabajar para que tu Amor triunfe en los corazones de todos los hombres. Amén.

Consagración al Sagrado Corazón de Jesús

Postrado a tus pies, Jesús mío, considerando las inefables muestras de amor que me has dado y las sublimes lecciones que me enseña continuamente tu sacratísimo Corazón, te pido humildemente la gracia de conocerte, amarte y servirte como fiel discípulo tuyo para hacerme digno de las promesas y bendiciones que generosamente concedes a los que de veras te conocen, aman y sirven. ¡Mira que soy pobre y humilde, necesito de ti! ¡Mira que soy torpe, y necesito de tu divina enseñanza para iluminar y guiar mi ignorancia!

¡Mira que soy muy débil, y caigo a cada momento y necesito tu apoyo para no desfallecer!

Sé todo para mí, Sagrado Corazón de Jesús: socorro de mi miseria, fuego de mis ojos; sostén de mis pasos, remedio de mis males; auxilio en toda necesidad. De ti lo espera todo mi pobre corazón. Tú lo animas y lo invitas repetidas veces como lo dijiste en tu Evangelio: "venid a mí; aprended de mí; pedid; llamad..." A las puertas de tu Corazón vengo hoy; y llamo, y pido, y espero. El mío, te lo entrego Señor, firme, formal y para siempre.

Tómalo tú, y dadme en cambio lo que sabes me conviene para vivir bien en la tierra y feliz en la eternidad. Amén.

Jaculatoria al Sagrado Corazón de Jes

Jesús manso y humilde de corazón, haz mi corazón semejante al tuyo.

Letanías del Sagrado Corazón de Jesús

Señor, ten piedad de nosotros.
Cristo, ten piedad de nosotros.
Señor, ten piedad de nosotros.
Cristo, óyenos.
Cristo, escúchanos.

Padre Eterno, Dios de los cielos.
Dios Hijo, Redentor del mundo.
Dios Espíritu Santo.
Santa Trinidad, que eres un solo Dios.

Corazón de Jesús, Hijo del Eterno Padre.
Corazón de Jesús, formado por el Espíritu Santo en el seno de la Virgen María.
Corazón de Jesús, unido sustancialmente al Verbo de Dios.
Corazón de Jesús, de majestad infinita.
Corazón de Jesús, templo santo de Dios.
Corazón de Jesús, tabernáculo del Altísimo.
Corazón de Jesús, casa de Dios y puerta del cielo.
Corazón de Jesús, lleno de bondad y de amor.
Corazón de Jesús, hoguera ardiente de caridad.
Corazón de Jesús, asilo de justicia y de amor.
Corazón de Jesús, abismo de todas las virtudes.
Corazón de Jesús, dignísimo de toda alabanza.
Corazón de Jesús, Rey y centro de todos los corazones.

Ten piedad de nosotros

118

Corazón de Jesús, en quien están todos los tesoros de la sabiduría y de la ciencia.

Corazón de Jesús, en quien habita toda la plenitud de la divinidad.

Corazón de Jesús, en quien el Padre halló sus complacencias.

Corazón de Jesús, de cuya plenitud todos hemos recibido.

Corazón de Jesús, deseo de los eternos collados.

Corazón de Jesús, paciente y de mucha misericordia.

Corazón de Jesús, rico para todos los que te invocan.

Corazón de Jesús, fuente de vida y de Santidad.

Corazón de Jesús, propiciación por nuestros pecados.

Corazón de Jesús, saciado de oprobios.

Corazón de Jesús, despedazado por nuestros delitos.

Corazón de Jesús, hecho obediente hasta la muerte.

Corazón de Jesús, perforado por una lanza.

Corazón de Jesús, fuente de toda consolación.

Corazón de Jesús, paz y reconciliación nuestra.

Corazón de Jesús, víctima de los pecadores.

Corazón de Jesús, salvación de los que en ti esperan.

Corazón de Jesús, esperanza de todos los que en ti mueren.

Corazón de Jesús, delicia de todos los santos.

Cordero de Dios, que quitas los pecados del mundo, perdónanos, Señor.

Cordero de Dios, que quitas los pecados del mundo, escúchanos, Señor.

Cordero de Dios, que quitas los pecados del mundo, ten piedad de nosotros.

Jesús, manso y humilde de Corazón, **haz nuestro** corazón semejante al tuyo.

Oración

Ominipotente y sempiterno Dios, mira al Corazón de tu amadísimo Hijo y a las alabanzas y satisfacciones que te dio en nombre de los pecadores, y concede propicio el perdón a los que imploran tu misericordia, en nombre de tu mismo Hijo Jesucristo, que contigo vive y reina en unión con el Espíritu Santo, y es Dios, por los siglos de los siglos. Amén.

Acto de proclamación
del Sagrado Corazón de Jesús
como Rey de México
y juramento de fidelidad y vasallaje

Corazón Sacratísimo del Rey pacífico: **radiante** de júbilo como fieles vasallos, **venimos hoy a postrarnos** al pie de tu trono y **gozosos te proclamamos** a la faz del mundo, **REY INMORTAL DE LA NACION MEXICANA, al acatar tu Soberanía** sobre todo los pueblos.

Queremos coronar tu frente, **¡oh Cristo Rey!,** con una diadema de corazones mexicanos, y poner en tu mano, el cetro de un poder absoluto, para que rijas y gobiernes a tu pueblo amado. Eres

120

Rey como afirmaste en tu pasión, ¡porque eres el Hijo de Dios! Por lo tanto, ¡oh Monarca amabilísimo!, este pueblo tuyo, que tiene hambre y sed de justicia, que se ampara en tu celestial Realeza, te promete entronizar tu Corazón en todos sus hogares, pobres o ricos, y rendirte el homenaje que mereces, reconociendo tus derechos santísimos sobre todo el orbe.

Consagramos a tu Corazón Sagrado, la Iglesia de México con todos sus Pastores, Ministros y Comunidades religiosas; la Patria querida con todos sus hogares, las familias con todos sus miembros; ancianos, jóvenes o niños; a los amigos y a los enemigos, y, muy particularmente, a las madres, las esposas y las hijas, destinadas a modelar el corazón del futuro pueblo mexicano, para que triunfes y reines en todos los habitantes de esta Nación.

Todos, !oh Cristo Rey!, con ardiente júbilo te juramos fidelidad como nobles y generosos vasallos. Habla, pues, manda, reclama y exige con imperio: pídenos la sangre y la vida, que son tuyas, porque totalmente te pertenecemos; resueltos estamos a dártelos por defender tu bandera hasta que triunfe y sea exaltado, reverenciado y amado para siempre tu herido Corazón.

Ya reina en México tu Corazón divino y desde la santa Montaña consagrada a ti, enjugará las lágrimas, restañará la sangre, curará las heridas de esta República conquistada por María de Guada-

121

lupe. Tú dominarás en ella con el cetro suavísimo de tu misericordia; y en la paz como en la guerra, en la agitación como en la tranquilidad, nos verás con benignos ojos y extenderás tus benditas y poderosas manos para bendecirnos. Y nosotros, con todas las generaciones futuras, te aclamaremos por nuestro Rey y Salvador. Allá volarán las muchedumbres a pedirte gracias y a ofrecerte, con alma y vida, guardar tu santa Ley: y tú, Redentor amoroso de los hombres, atrae a tu Corazón adorable a los pecadores para convertirlos.

Recobra tu dominio sobre tantas almas apóstatas, desorientadas y engañadas con falsas y perversas doctrinas; conserva la fe en nosotros y despréndenos de los miserables bienes del mundo; calma los odios y une a los hermanos; ilumina a los ciegos; perdona a los ingratos; pero, sobre todo, concede a tu Iglesia la libertad y la paz por la que tanto suspiramos. Derrite con el fuego de tu divino pecho, misericordioso Jesús, el hielo de las almas; establece tus reales en todos los pueblos de nuestro país, y penetre tu caridad a las cárceles, a los hospitales, a las escuelas, a los talleres; haz un trono para ti en cada corazón mexicano, porque los Pastores y las ovejas, los padres y los hijos, nos gloriamos de ser tuyos. Danos, por fin, una santa muerte, sepultándonos en la herida preciosa de tu Corazón de amor, para resucitar en los esplendores del cielo, cantando eternamente:

CORAZON SANTO,
TU REINARAS YA,
MEXICO TUYO.
SIEMPRE SERA.

¡Viva Cristo Rey, en mi corazón, en mi casa y en mi Patria! Amén.

Consagración del género humano al Sagrado Corazón de Jesús

Dulcísimo Jesús, Redentor del género humano; míranos humildemente postrados ante tu altar. Tuyos somos y tuyos queremos ser; y, para que podamos hoy unirnos más íntimamente contigo, cada uno de nosotros se consagra espontáneamente a tu Sagrado Corazón.

Es verdad que muchos jamás te conocieron, que muchos te abandonaron después de haber despreciado tus mandamientos; ten misericordia de unos y otros, benignísimo Jesús, y atráelos a todos a tu santísimo Corazón. Reina, Señor, no solamente sobre los fieles que jamás se apartaron de ti, sino también sobre los hijos pródigos que te abandonaron, y haz que éstos prontamente regresen a la casa paterna, para que no perezcan de hambre y de miseria.

Reina sobre aquellos a quienes traen engañados las falsas doctrinas o se hallan divididos por la discordia, y vuélvelos al puerto de la verdad y a la unidad de la fe, para que en breve no haya sino un solo redil y un solo Pastor.

123

Concede, Señor, a tu Iglesia, segura y completa libertad; otorga la paz a las naciones y haz que del uno al otro polo de la tierra resuene esta sola voz: Alabado sea el divino Corazón, por quien nos vino la salud: a él sea la gloria y el honor por los siglos de los siglos. Amén.

Entronización del Sagrado Corazón de Jesús en los hogares

El día fijado, se reúne toda la familia en el lugar principal de la casa; el sacerdote bendice la imagen del Sagrado Corazón, y se procede a la entronización. Todos, de pie, recitan con voz clara el Credo, en testimonio explícito de la fe que profesa toda la familia, y a continuación se dirá lo siguiente:

Dígnate visitar, Señor Jesús, en compañía de tu dulce Madre, este hogar y colma a sus dichosos moradores de las gracias prometidas a las familias especialmente consagradas a tu Corazón Divino. Tú mismo ¡oh Salvador del Mundo! con fines de misericordia solicitaste en revelación a tu sierva Margarita María el solemne homenaje de universal amor a tu Corazón, "que tanto ha amado a los hombres, y de los cuales es tan mal correspondido". Por ello toda esta familia, acudiendo presurosa a tu llamado, y en desagravio del abandono y de la apostasía de tantas almas, te proclama, ¡oh Corazón Sagrado!, su amable Soberano y te consagra de una manera absoluta las alegrías, los trabajos y tristezas, el presente y el porvenir de este hogar, de hoy para siempre enteramente tuyo. Bendice, pues, a los presentes, bendice a los que, por voluntad del cielo, nos arrebató la muerte; bendice, Jesús, a los ausentes; establece en esta tu casa, te lo suplicamos por el amor que tienes a la Virgen María, establece aquí, !oh Corazón amante!, el dominio de tu caridad, infunde en todos sus miembros el espíritu de fe, de santidad y de pureza, arrebata para ti solo estas almas, desapegándolas del mundo y de sus locas vanidades; ábreles, Señor, la herida hermosa de tu Corazón piadoso, y, como en arca de salud, guarda en ella a todos estos que son tuyos hasta la vida eterna.

¡Viva siempre amado, bendecido y glorificado en este hogar el Corazón triunfante de Jesús! Amén.

En este momento se recuerda a los seres queridos ya fallecidos y a los ausentes, rezando por ellos un Padre Nuestro y una Ave María.

En seguida el jefe de familia coloca la imagen del Sagrado Corazón de Jesús en el lugar de honor y se procede a la CONSAGRACION de la familia, recitando la siguiente fórmula:

Oh Corazón Sacratísimo de Jesus, tú revelaste a Santa Margarita María el deseo de reinar sobre las familias cristianas; he aquí que, a fin de complacerte, nos presentamos hoy para proclamar tu absoluto dominio sobre nuestra familia.

Deseamos vivir en adelante tu vida, deseamos que en el seno de nuestra familia florezcan las virtudes, por las cuales tú has prometido la paz en la tierra; deseamos apartar lejos de nosotros el espíritu del mundo, a quien tú condenaste.

Tú reinarás en nuestra inteligencia con la sinceridad de nuestra fe, en nuestro corazón con el amor exclusivamente tuyo, mediante el cual se inflamará para ti, y cuya ardiente llama fomentaremos con la recepción frecuente de la Divina Eucaristía.

Dígnate, Corazón Divino, presidirnos, unidos en uno solo, bendecir nuestros intereses espirituales y temporales, apartar de nosotros los contratiempos, santificar nuestros goces y mitigar nuestras penas. Y si alguno de nosotros tuviere la desgracia de ofenderte, recuérdale, oh Corazón de Jesús, que tú estás lleno de misericordia y de caridad para el pecador que se arrepiente. Y cuando suene la hora de la separación, y la muerte introduzca el luto en el seno de nuestra familia, nosotros todos, así los que se ausenten como los que se queden, nos sometemos a tus eternos decretos. Nuestro consuelo será gustar en el fondo de nuestras almas el dulce pensamiento de que toda nuestra familia, reunida allá en el Cielo, podrá cantar por siempre tus glorias y tus bondades.

Dígnese el Corazón Inmaculado de María, dígnese el glorioso Patriarca San José presentarte esta nuestra consagración y conservar viva su memoria en nuestras almas todos los días de nuestra vida.

¡VIVA EL CORAZON DE JESUS
NUESTRO REY Y NUESTRO PADRE!

A continuación el sacerdote bendice a la familia, y al final se puede entonar un canto en honor de Cristo Rey. Finalmente bendice a todos.

La bendición de Dios todopoderoso, Padre, †
Hijo y Espíritu Santo, descienda sobre esta familia y permanezca para siempre.

Novena de la Confianza
al Sagrado Corazón de Jesús

Corazón de Jesús, por medio de mi Madre Santísima, en ti pongo toda mi confianza, y aunque todo lo temo de mi debilidad, todo lo espero de tu bondad.

A tu Corazón confío estas intenciones... (penas, iniciativas, necesidades varias). Míralo, después haz lo que tu Corazón te diga. Deja actuar a tu Corazón.

Oh Jesús, yo cuento contigo, yo me fío de ti, yo me entrego a ti, yo estoy seguro de ti.

Padre nuestro. Avemaría y Gloria.

Repítase nueve veces: *Sagrado Corazón de Jesús, en ti confío.*

Jesús, que has revelado: "Si quieres agradarme, confía en mí; si quieres agradarme más, confía más; si quieres agradarme inmensamente, confía inmensamente", ayuda mi confianza. Yo confío inmensamente en ti. En ti, Señor, espero; no sea yo confundido eternamente. Amén.

4. AL ESPIRITU SANTO

**Oración al Espíritu Santo
para pedir sus dones**

Ven, Espíritu Santo, inflama mi corazón y enciende en él el fuego de tu amor. Dígnate escuchar mis súplicas, y envía sobre mí tus dones, como los enviaste sobre los Apóstoles el día de Pentecostés.

Espíritu de Verdad, te ruego me llenes del don de *Entendimiento*, para penetrar las verdades reveladas, y así aumentar mi fe; distinguiendo a su luz lo que es del bueno o del mal espíritu.

Espíritu Sempiterno, te ruego me llenes del don de *Ciencia,* para sentir con la Iglesia en la estima de las cosas terrenas, y así aumentar mi esperanza; viviendo para los valores eternos.

Espíritu de Amor, te ruego me llenes del don de *Sabiduría,* para que saborée cada día más con qué infinito amor soy amado, y así aumente mi caridad a Dios y al prójimo; actuando siempre movido por ella.

Espíritu Santificador, te ruego me llenes del don de *Consejo*, para obrar de continuo con prudencia; eligiendo las palabras y acciones más adecuadas a la santificación mía y de los demás.

Espíritu de Bondad, te ruego me llenes del don de *Piedad*, para practicar con todos la justicia; dando a cada uno lo suyo: a Dios con **gratitud** y obediencia, a los hombres con **generosidad y** amabilidad.

Espíritu Omnipotente, te ruego me llenes del don de *Fortaleza,* para perseverar con constancia y confianza en el camino de la perfección cristiana; resistiendo con paciencia las adversidades.

Espíritu de Majestad, te ruego me llenes del don de *Temor* de Dios, para no dejarme llevar de las tentaciones de los sentidos, y proceder con templanza en el uso de las creaturas.

Divino Espíritu, por los méritos de Jesucristo y la intercesión de tu Esposa, María Santísima, te suplico que vengas a mi corazón y me comuniques la plenitud de tus dones, para que, iluminado y confortado por ellos, viva según tu voluntad, muera entregado a tu amor y así merezca cantar eternamente tus infinitas misericordias. **Amén.**

Oración para pedir el Espíritu Santo

Oh Dios, a quien todo corazón está patente y todo deseo manifiesto, y a quien ningún secreto se oculta: purifica por la infusión del Espíritu Santo los pensamientos de nuestro corazón; para que podamos amarte con perfección y alabarte dignamente.

Te suplicamos, Señor, nos asista la virtud del Espíritu Santo la cual por su clemencia purifique nuestros corazones y nos defienda contra toda adversidad.

Te rogamos, Señor, que el Consolador que de ti procede, alumbre nuestras almas y nos dé a conocer toda verdad, como nos lo prometió tu Hijo.

Te imploramos, Dios omnipotente y misericordioso, que el Espíritu Santo, que nos creó con su sabiduría y nos gobierna con su providencia, nos inflame con aquel fuego que nuestro Señor Jesucristo envió a la tierra y con el que vehementemente quiso se abrasase.

Oh Dios, que diste a tus Apóstoles el Espíritu Santo: concede a tu pueblo el fruto de su oración; y a los que diste la fe, concédeles también la paz. Amén.

Al Espíritu Santo

Espíritu Santo, alma de mi alma, yo te adoro; ilumíname, guíame, fortifícame, consuélame, inspírame lo que debo hacer. Dispón de mí porque prometo obedecerte y aceptar todo lo que permitas que me suceda. Hazme conocer tan sólo tu voluntad. Amén.

(Cardenal Mercier)

Plegaria al Espíritu Santo

Espíritu Santo,
Amor del Padre y del Hijo,
inspírame siempre:

130

lo que he de pensar,
lo que he de decir,
cómo lo he de decir,
lo que he de callar,
lo que he de escribir,
lo que he de hacer,
cómo lo he de hacer,
para obtener tu gloria,
el bien de las almas
y mi propia santificación.

Buen Jesús, en ti he puesto toda mi confianza.

(Cardenal Verdier)

Invocación al Espíritu Santo

Ven, Espíritu Santo,
llena los corazones de tus fieles
y enciende en ellos
el fuego de tu amor.

–Envía, Señor, tu Espíritu.
–Y renueva la faz de la tierra.

Oración

Oh Dios, que llenas los corazones de tus fieles
con la luz del Espíritu Santo; concédenos que,
guiados por el mismo Espíritu, sintamos con recti-
tud y gocemos siempre de tu consuelo. Por Jesucristo Nuestro Señor. Amén.

Consagración al Espíritu Santo

Oh divino Espíritu Santo, Amor eterno del Padre y del Hijo, te adoro, te doy gracias, te amo y te pido perdón por todas las veces que te he contristado en mí y en mi prójimo.

Desciende con abundancia de gracias en las sagradas ordenaciones de los obispos y sacerdotes; en las consagraciones de los religiosos y religiosas; en las confirmaciones de todos los fieles: sé luz, santidad y celo.

A ti, santo Espíritu de Verdad, consagro mi mente, mi fantasía, mi memoria; ilumíname. Haz que conozca a Jesucristo, nuestro Maestro, y comprenda su Evangelio y la doctrina de la santa Iglesia.

Aumenta en mí el don de sabiduría, de ciencia, de inteligencia y de consejo.

A ti, Espíritu santificador, consagro mi voluntad: guíame para hacer lo que te agrada, dame fuerza para cumplir con los mandamientos y mis deberes. Concédeme el don de fortaleza y el santo temor de Dios. A ti, Espíritu vivificador, consagro mi corazón: protege y aumenta en mí la gracia divina.

Concédeme el don de piedad. Amén.

(Santiago Alberione)

Oración al Espíritu Santo

¡Espíritu Santo, Paráclito Divino, Padre de los pobres, Consolador de los afligidos, Luz de los corazones, Santificador de las almas! Mírame aquí postrado en tu presencia; te adoro con la sumisión más profunda, y repito mil veces con los Serafines que están delante de tu trono: ¡Santo, Santo, Santo!

Creo firmemente que eres eterno, consustancial al Padre y al Hijo.

Espero que por tu bondad santifiques y salves mi alma.

Te amo, ¡Dios de amor! Más que a todo lo de este mundo porque, insensible a tus inspiraciones, he cometido la ingratitud de ofenderte con tantos pecados; te pido perdón, y me arrepiento de haberte disgustado. Te ofrezco mi corazón, frío como es, y te suplico hagas penetrar en él un rayo de tu luz, para derretir el hielo tan duro de mis iniquidades.

Tú que llenaste de gracias inmensas el alma de María e inflamaste en santo celo los corazones de los Apóstoles, dígnate abrasar también mi corazón con tu amor.

Tú, Espíritu divino: fortaléceme contra los malos espíritus. Eres Fuego: enciende en mí el fuego de tu amor. Eres Luz: ilumíname, haciéndome conocer las cosas eternas. Eres Fuente de dulzura: disipa las tormentas que en mí levantan las pasiones; enséñame el modo de alabarte incesantemente; cúbreme con la sombra de tu protección.

Siendo el Autor de los dones celestiales, vivifícame, te ruego, con tu gracia, santifícame con tu caridad, gobiérname con tu sabiduría, adóptame por hijo tuyo con tu bondad, y sálvame con tu infinita misericordia, a fin de que no cese jamás de bendecirte, alabarte y amarte, ahora en la tierra mientras viva, y luego en el cielo por toda la eternidad. Amén.

(San Alfonso María de Ligorio)

Oración breve al Espíritu Santo

Señor, envía tu Espíritu para darnos vida nueva. Ilumina nuestras ideas y guía nuestra acción. Que todo sea en ti, por ti y como tú quieras. Amén.

Súplicas al Espíritu Santo

¡Oh Divino Amor, lazo sagrado que unes al Padre y al Hijo! Espíritu todopoderoso, fiel consolador de los afligidos, penetra en los abismos de mi corazón; haz brillar en él tu esplendorosa luz. Esparce allí tu dulce rocío, a fin de hacer cesar su grande aridez.

Envía los rayos celestiales de su amor hasta lo profundo de mi alma, para que, penetrando en ella, enciendan todas mis debilidades, mis negligencias, mis languideces.

Ven, dulce Consolador de las almas desoladas, **refugio** en los peligros y protector en la miseria.

Ven, tú que lavas a las almas de sus manchas y curas sus llagas.

Ven, fuerza del débil, apoyo del que cae.

Ven, doctor de los humildes y vencedor de los orgullosos.

Ven, padre de los huérfanos, esperanza de los pobres, tesoro de los que están en la indigencia.

Ven, estrella de los navegantes, puerto seguro de los náufragos.

Ven, fuerza de los vivientes y salud de los que van a morir.

Ven, ¡oh Espíritu Santo!, ven y ten piedad de mí.

Haz a mi alma sencilla, dócil y fiel, compadécete de mi debilidad con tanta bondad que mi pequeñez encuentre gracia ante tu grandeza infinita, mi impotencia la encuentre ante la multitud de tus misericordias.

Por nuestro Señor Jesucristo, mi Salvador, que contigo y con el Padre vive y reina, siendo Dios, por los siglos de los siglos. Amén.

(San Agustín de Hipona)

Ven, Espíritu Santo

Ven, Espíritu Santo, y desde el cielo envía los rayos de tu virtud.

Ven, Padre de los pobres; ven, dador de tus dones; ven, de las almas Luz.

Consolador magnífico, del alma dulce huésped, suavísimo dulzor.

Descanso en la fatiga, brisa en ardiente estío,
consuelo en el dolor.

Oh lumbre dichosísima, inunda en resplandores el corazón del fiel.

Sin tu divina gracia nada hay puro en el hombre
pobre de todo bien.

Lava el corazón sórdido; riega el que está marchito; sana el que enfermo está.

Doblega al duro y rígido; inflama al tibio y rige
al que extraviado va.

Da a tus oyentes súbditos que sólo en ti confían
el septiforme don.

Danos preciosos méritos, danos dichoso tránsito y eterno galardón. Amén.

Ven, Espíritu Creador

Tú, dedo de Dios Padre, siete dones regalas:
Tú, de Dios fiel promesa, inspiras las palabras.

Tú, alumbra nuestra mente: Tú nuestro amor
inflama; y, con tu fuerza, anima a nuestra carne
flaca.

Ahuyenta al enemigo; infúndenos tu calma: dirige nuestros pasos y nuestro mal aparta.

Enséñanos al Padre y al Hijo nos declaras: y en
ti, de ambos Espíritu, fe de nuestra alma.

Gloria al Padre, y al Hijo, que de la muerte se
alza, con el divino Espíritu que siempre reina y
manda. Amén.

136

5. A LA SANTÍSIMA VIRGEN MARÍA

El Santo Rosario

Oraciones iniciales:

Guía: Por la señal † de la Santa Cruz, de nuestros † enemigos líbranos, † Señor Dios nuestro. En el nombre del Padre, † y del Hijo y del Espíritu Santo. Amén.

Guía: Señor mío Jesucristo.

Todos: Dios y hombre verdadero, me pesa de todo corazón de haber pecado, porque he merecido el infierno y perdido el cielo, y sobre todo, porque te ofendí a ti, que eres bondad infinita, a quien amo sobre todas las cosas. Propongo firmemente, con tu gracia, enmendarme y alejarme de las ocasiones de pecar, confesarme y cumplir la penitencia. Confío me perdonarás por tu infinita misericordia. Amén.

Guía: Abre, Señor, mis labios.

Todos: Para alabar tu nombre, y el de tu Santa Madre.

Gloria al Padre, al Hijo y al Espíritu Santo.

Todos: Como era en el principio, ahora y siempre por los siglos de los siglos. Amén.

El que *Guía*, anuncia los Misterios que se van a meditar: de gozo, de luz, de dolor o de gloria y antes de cada decena se va anunciando el Misterio, rezando el Padrenuestro y a continuación diez Avemarías y un Gloria al Padre. Al final de cada Misterio, se acostumbra rezar alguna jaculatoria:

Guía: María, Madre de gracia, Madre de Misericordia.

Todos: En la vida y en la muerte, ampárame, gran Señora.

O ésta que pidió la Virgen de Fátima:

Guía: ¡Oh Jesús mío! Perdona nuestros pecados, presérvanos del fuego del infierno, lleva al cielo a todas las almas especialmente a las más necesitadas de tu misericordia.

O cuando el Rosario es por algún difunto:

Guía: Dale, Señor, el descanso eterno.

Todos. Y brille para él (ella) la luz perpetua.

Guía: Descanse en paz.

Todos: Así sea.

MISTERIOS DE GOZO
Lunes y Sábado

1. Primer misterio de gozo: La Encarnación del Hijo de Dios (Lucas 1, 37).
2. Segundo misterio de gozo: La visita de la Virgen María a Santa Isabel (Lucas 1, 39-56).
3. Tercer misterio de gozo: El nacimiento del Niño Jesús (Lucas 2, 1-20).
4. Cuarto misterio de gozo: La presentación del Niño Jesús en el Templo (Lucas 2, 22-40).
5. Quinto misterio de gozo: El Niño Jesús perdido y hallado en el Templo (Lucas 2, 41-52).

Jueves

1. Primer misterio de luz: El bautismo de Jesús en el Jordán. (Mateo 3, 13-17).

2. Segundo misterio de luz: Jesús se da a conocer en las bodas de Caná. (Juan 2, 1-12).

3. Tercer misterio de luz: Jesús anuncia el Reino de Dios invitando a la conversión. (Marcos 1, 15).

4. Cuarto misterio de luz: La Transfiguración de Jesús. (Lucas 9, 35).

5. Quinto misterio de luz: La institución de la Eucaristía, expresión sacramental del Misterio Pascual. (Juan 13, 1).

MISTERIOS DE DOLOR

Martes y Viernes

1. Primer misterio de dolor: La oración de Jesús en el huerto (Marcos 14, 22-42).

2. Segundo misterio de dolor: La flagelación de nuestro Señor Jesucristo (Marcos 15, 1-15).

3. Tercer misterio de dolor: Jesús es coronado de espinas (Marcos 15, 16-20).

4. Cuarto misterio de dolor: Jesús con la cruz a cuestas (Marcos 15, 21-28).

5. Quinto misterio de dolor: La Crucifixión y muerte de nuestro Señor Jesucristo (Marcos 15, 29-39).

Miércoles, y Domingos

1. Primer misterio de gloria: La Resurrección del Hijo de Dios (Mateo 28,1-8).
2. Segundo misterio de gloria: La Ascensión del Hijo de Dios (Hechos 1,6-11).
3. Tercer misterio de gloria: La venida del Espíritu Santo sobre los Apóstoles (Hechos 2, 1-13).
4. Cuarto misterio de gloria: La Asunción de María (Apocalipsis 12,1).
5. Quinto misterio de gloria: La Coronación de nuestra Señora, como Reina de cielos y tierra (Lucas 1, 46-50).

Al terminar los cinco misterios se dice:

Guía: Oh Soberano Santuario, Sagrario del Verbo Eterno.

Todos: Libra, Virgen, del infierno a los que rezan tu Rosario.

Guía: Emperatriz poderosa de los mortales consuelo.

Todos: Ábrenos, Virgen, el cielo con una muerte dichosa.

Guía: Padre nuestro, que estás en el cielo, santificado sea tu nombre; venga a nosotros tu reino; hágase tu voluntad en la tierra como en el cielo.

Todos: Danos hoy nuestro pan de cada día; perdona nuestras ofensas, como también nosotros perdonamos a los que nos ofenden; no nos dejes caer en la tentación, y líbranos del mal.

Guía: Dios te salve, María Santísima, hija de Dios Padre, Virgen purísima y castísima antes del parto, en tus manos encomiendo mi fe para que la alumbres, llena eres de gracia, etc.

Todos: Santa María...

Guía: Dios te salve, María, Madre de Dios Hijo, Virgen purísima y castísima en el parto, en tus manos encomiendo mi esperanza para que la alientes, llena eres de gracia, etc.

Todos: Santa María...

Guía: Dios te salve, María, esposa del Espíritu Santo, Virgen purísima y castísima después del parto, en tus manos encomiendo mi caridad para que la inflames, llena eres de gracia, etc.

Todos: Santa María...

Guía: Dios te salve, María, templo, trono y sagrario de la Santísima Trinidad, Virgen concebida sin la culpa original, Dios te salve.

Todos: Reina y Madre de misericordia, vida, dulzura y esperanza nuestra, Dios te salve. A ti llamamos los desterrados hijos de Eva, a ti suspiramos, gimiendo y llorando, en este valle de lágrimas. Ea, pues, Señora, abogada nuestra, vuelve a nosotros esos tus ojos misericordiosos, y después de este destierro muéstranos a Jesús, fruto bendito de tu vientre. ¡Oh clemente, oh piadosa, oh dulce Virgen María! Ruega por nosotros, Santa Madre de Dios, para que seamos dignos de alcanzar las promesas de nuestro Señor Jesucristo. Amén.

Letanías de la Santísima Virgen

Señor, ten piedad de nosotros.
Cristo, ten piedad de nosotros.
Señor, ten piedad de nosotros.
Cristo, óyenos.
Cristo, escúchanos.
Dios, Padre Celestial que eres Dios.
Ten piedad de nosotros.
Dios Hijo, Redentor del mundo que eres Dios.
Ten piedad de nosotros.
Espíritu Santo que eres Dios.
Ten piedad de nosotros.
Santísima Trinidad, que eres un solo Dios.
Ten piedad de nosotros.

Santa María.	*Ruega pornosotros*
Santa Madre de Dios.	"
Santa Virgen de las vírgenes.	"
Madre de Jesucristo.	"
Madre de la divina gracia.	"
Madre purísima.	"
Madre castísima.	"
Madre intacta.	"
Madre sin mancha.	"
Madre amable.	"
Madre del buen consejo.	"
Madre del Creador.	"
Madre del Salvador.	"
Madre de la Iglesia.	"
Virgen prudentísima.	"
Virgen venerable.	"
Virgen digna de alabanza.	"

Virgen poderosa.	*Ruega pornosotros*
Virgen misericordiosa.	"
Virgen fiel.	"
Espejo de justicia.	"
Trono de la Sabiduría.	"
Causa de nuestra alegría.	"
Vaso espiritual.	"
Vaso honorable.	"
Rosa Mística.	"
Torre de David.	"
Torre de Marfil.	"
Casa de Oro.	"
Arca de la alianza.	"
Puerta del cielo.	"
Estrella de la mañana.	"
Salud de los enfermos.	"
Refugio de los pecadores.	"
Consoladora de los afligidos.	"
Auxilio de los Cristianos.	"
Reina de los Ángeles.	"
Reina de los Patriarcas.	"
Reina de los Profetas.	"
Reina de los Apóstoles.	"
Reina de los Mártires.	"
Reina de los Confesores.	"
Reina de las Vírgenes	"
Reina de todos los Santos.	"
Reina concebida sin pecado original.	"
Reina subida al cielo en cuerpo y alma.	"
Reina del Santísimo Rosario.	"
Reina de la paz.	"

Cordero de Dios, que quitas el pecado del mundo. *Perdónanos, Señor.*

Cordero de Dios, que quitas el pecado del mundo. *Escúchanos, Señor.*

Cordero de Dios, que quitas el pecado del mundo. *Ten piedad y misericordia de nosotros.*

Guía: Bajo tu amparo nos acogemos, Santa Madre de Dios, no desprecies las súplicas que te dirigimos en nuestras necesidades, antes bien, líbranos de todos los peligros, oh Virgen gloriosa y bendita. Ruega por nosotros, Santa Madre de Dios.

Todos: Para que seamos dignos de alcanzar las promesas de nuestro Señor Jesucristo.

Guía: Oh Dios, cuyo Unigénito Hijo, con su vida, muerte y resurrección, nos alcanzó el premio de la vida eterna: concédenos, a los que recordamos estos misterios del Santo Rosario, imitar lo que contienen y alcanzar lo que prometen. Por el mismo Jesucristo, nuestro Señor.

Amén.

Ofrecimiento del Santo Rosario

Guía: Por estos Misterios santos de que hemos hecho recuerdo, te pedimos, ¡oh María!, de la Fe santa el aumento; la exhaltación de la Iglesia; del Papa el mejor acierto; de la Nación Mexicana, la unión y feliz gobierno. Que el no cristiano conozca a Dios, y el que se ha alejado reconozca

144

sus errores. Que todos los pecadores tengamos arrepentimiento. Que los cristianos perseguidos puedan practicar su fe. Goce puerto el navegante y de salud los enfermos. Que en el Purgatorio logren las ánimas refrigerio. Y que este santo ejercicio tenga efecto tan completo en toda la cristiandad, que alcancemos por su medio, el ir a alabar a Dios en tu compañía en el cielo. Amén.

Conclusión

Guía: Reina del Santísimo Rosario.
Todos: Ruega por nosotros.
Guía: Viva la gracia.
Todos: Muera el pecado.
Guía: Ave María purísima.
Todos: En gracia de Dios concebida.

Cántico de la Santísima Virgen María
(Magníficat)

Proclama mi alma la grandeza del Señor, se alegra mi espíritu en Dios mi salvador; porque ha mirado la humillación de su esclava. Desde ahora me felicitarán las generaciones, porque el Poderoso ha hecho obras grandes por mí: su nombre es santo y su misericordia llega a sus fieles de generación en generación. Él hace proezas con su brazo: dispersa a los soberbios de corazón, derriba del trono a los poderosos y enaltece a los humildes, a los hambrientos los colma de bienes y a

los ricos los despide vacíos. Auxilia a Israel, su
siervo, acordándose de su misericordia —como lo
había prometido a nuestros padres— en favor de
Abraham y su descendencia por siempre.
Gloria al Padre, y al Hijo, y al Espíritu Santo.
Como era en el principio, ahora y siempre,
por los siglos de los siglos. Amén.

Entronización de nuestra Señora
de Guadalupe en los hogares

Reunidos a los pies de la imagen de la Santísima Virgen, ya bendita, e
sacerdote o el jefe de familia, dice las siguientes oraciones:

Dios Todopoderoso y Eterno, que impulsado
por tu infinita misericordia te dignaste dirigir a
México una mirada de amor y viéndolo lleno de
sombras y miserias enviaste a la Inmaculada Virgen
María, para que fuera Apóstol, Reina y Madre
nuestra: te rogamos aceptes propicio la ofrenda que,
por medio de ella, te hacemos de nuestros hogares y
de nuestros corazones, y haz por tu infinita bondad,
que establezca aquí nuestra Santísima Madre de
Guadalupe su trono de clemencia y dispensación,
nos vea como cosa muy suya, nos mantenga lejos
del pecado y de todo mal, y con su intercesión
valiosísima, alcancemos el perdón y la paz. Por
Jesucristo nuestro Señor. Amén.

Enseguida se coloca la santa imagen en el lugar donde debe quedar
luego de rodillas se dice:

¡Salve, nuestra Reina de los mexicanos, Madre
Santísima de Guadalupe, Salve! Ruega por tu

Nación para conseguir lo que tú, Madre nuestra, creas más conveniente pedir:

Se reza una Salve y esta jaculatoria:

Virgen Santísima de Guadalupe, Reina de México, consérvanos la fe y salva nuestra Patria.

Se concluye con la siguiente oración:

¿Cómo te daremos gracias, dulcísima Madre nuestra, por los beneficios incontables que te debemos? Fijaste en esta Nación esos tus ojos misericordiosos y ante el trono excelso del Dios de bondad la pediste como herencia tuya. ¿Qué pudo moverte a descender desde los cielos hasta nuestro árido Tepeyac, si no el singular amor que nos tienes y la inmensa miseria nuestra? ¡Gracias, Señora! Que los ángeles te alaben por tan insigne favor, que las naciones todas te bendigan y que México, postrado a tus inmaculadas plantas, te ame con todos sus corazones y, como a Judit, te cante: "Tú eres la gloria de nuestro pueblo".

Pediste un templo y te ofrecemos millares, que te consagremos cada uno de nuestros hogares y queremos reines en nuestros corazones. Nos llamas: "hijitos míos muy queridos" y aceptando tan dulce título, queremos llamarte nuestra Reina, nuestra Madre, y ser, no sólo tus vasallos fieles y tus hijos amantísimos, sino tus humildísimos siervos. Manda, Altísima Señora, que estemos prontos a obedecerte.

Reina en nuestras casas y líbralas de todo mal; en nuestras almas y haz que sirvan siempre a Dios; en esta porción de la Iglesia Mexicana y hazla gloriosa y libre; en nuestra Nación, feliz a pesar de todo, porque la amas, y danos la paz. Perdona a los hijos ingratos y prevaricadores, robustece la fe de los que te aclaman e invocan, y concédenos, en fin, que formando tu corte aquí en la tierra, vayamos, dulcísima Madre, a cantar contigo las alabanzas eternas ante el trono de Dios. Amén.

Se termina con un canto, o el **Himno Guadalupano** u otro apropiado.

Oración a la Santísima Virgen por la Iglesia

Virgen María, Madre de la Iglesia, te recomendamos toda la Iglesia. Tú, "Auxilio de los Obispos", protégelos y asístelos en su misión apostólica, y a todos aquellos que colaboren en su arduo trabajo. Tú, que, por tu mismo divino Hijo, en el momento de su muerte redentora, fuiste presentada como Madre al discípulo predilecto, acuérdate del pueblo cristiano, que en ti confía.

Acuérdate de todos tus hijos; da valor a sus oraciones ante Dios; conserva sólida-su fe; fortifica su esperanza; aumenta su caridad.

Acuérdate de aquellos que viven en la tribulación, en las necesidades, en los peligros, especialmente de aquellos que sufren persecución y se encuentren en la cárcel por la fe.

Para ellos, Virgen Santísima, solicita la fortaleza y acelera el ansiado día de su justa libertad. Mira con ojos benignos a nuestros hermanos separados, y dígnate unirnos, tú que has engendrado a Cristo, puente de unión entre Dios y los hombres.

Templo de luz, sin sombra y sin mancha, intercede ante tu Hijo unigénito, Mediador de nuestra reconciliación con el Padre, para que sea misericordioso con nuestras faltas y aleje de nosotros las discordias, dando a nuestros ánimos la alegría de amar.

Finalmente, encomendamos a tu Corazón Inmaculado todo el género humano; condúcelo al conocimiento del único y verdadero Salvador, Cristo Jesús; aleja de él el castigo del pecado, concede a todo el mundo la paz en la verdad, en la justicia, en la libertad y en el amor.

Y haz que toda la Iglesia pueda elevar al Dios de las misericordias un himno de alabanza, de agradecimiento y de alegría, pues grandes cosas ha obrado el Señor por medio de ti, clemente, piadosa y dulce Virgen María. Amén.

(Paulo VI)

Oración a Nuestra Señora de la Soledad

Déjame pasar la vida, Madre mía, acompañando tu soledad amarga y tu dolor profundo. Déjame sentir en el alma el triste llanto de tus ojos y el desamparo de tu corazón.

149

No quiero en el camino de mi vida saborear las alegrías de Belén, adorando en tus brazos virginales al Niño Dios. No quiero gozar en la casita de Nazaret de la amable presencia de Jesucristo. No quiero acompañarte en tu Asunción gloriosa entre coros de ángeles. Quiero en mi vida las burlas y mofas del calvario; quiero la agonía lenta de tu Hijo; el desprecio, la ignominia, la infamia de la Cruz; quiero estar a tu lado, Virgen dolorosísima, fortaleciendo mi espíritu con tus lágrimas, consumando mi sacrificio con tu martirio, sosteniendo mi corazón con tu soledad, amando a mi Dios y tu Dios con la inmolación de mi ser. Amén.

(Padre Pro)

Visita a la Virgen

Madre de Jesucristo, no vengo ahora a rezar.

Yo nada tengo que ofrecer y nada tengo que **pedir**. Vengo solamente, Madre, para mirarte a ti.

Mirarte, llorar de felicidad, saber para mí que soy tu hijo, y que tú estás ahí.

Nada más que un momento en la quietud del día.

¡Estar contigo en este sitio donde tú estás, María!

No decir nada, contemplar tu cara. Dejar el corazón cantar con sus propias palabras.

No decir nada, solamente cantar porque se tiene lleno el corazón, como el zenzontle, que continúa su idea en los arrebatos súbitos de su canción. Porque tú eres hermosa, porque eres Inmaculada, la mujer en la gracia por fin restaurada.

La criatura en su honor primero y en su desarrollo final, salió de Dios, en la mañana de su esplendor original.

Inefablemente intacta, porque eres la Madre de Jesucristo, que es la Verdad en tus brazos, y la Esperanza y fruto único.

Porque tú eres la mujer, el Edén de la antigua ternura olvidada, cuya mirada encuentra nuestro corazón de repente, y hace saltar las lágrimas acumuladas...

Porque tú estás ahí para siempre, nada más porque tú eres María, nada más porque existes, te doy las gracias, ¡Madre de Jesucristo!

(Paul Claudel)

Oración a la Virgen en las dificultades

Tú conoces el corazón de tus jóvenes, y cómo son asaltados por sus dificultades.

Hay que luchar para conservar inquebrantable nuestra fe, ahora que tantos a nuestros alrededores ya no creen.

Hay que luchar para conservar intacta nuestra pureza, ahora que el mundo es una gigantesca organización del mal.

Hay que luchar para conservar vibrante nuestro entusiasmo, ahora que los hombres están preocupados por bienes materiales.

Para que nuestra fe se mantenga inquebrantable, **sé** tú nuestra defensora, ¡oh Virgen María!

Para que el mal no tenga poder en nosotros y para que no siembre de ruinas e incertidumbres nuestras almas, sé tú nuestra defensa, ¡oh Virgen María:

Para que afectos prematuros no dispersen nuestras fuerzas y destruyan nuestro corazón, sé nuestra defensa; ¡oh Virgen María!

Para que conservemos jóvenes e intactos nuestros entusiasmos, Virgen María, ¡sé nuestra defensa!

(Lelotte)

Oración a la Virgen del Carmen

Bienaventurada Virgen del Monte Carmelo, **madre** de misericordia y de gracia, que tanto amas **a tus** hijos, te agradecemos todas las muestras de **amor** que nos has dado, y en particular por el don **del** Escapulario, señal de tu maternal predilección y señal de salvación eterna.

Te suplicamos que nos ayudes a vivir como verdaderos hijos tuyos, fieles al espíritu de oración y prontos a seguir tu ejemplo y vivir plenamente el Evangelio de nuestro salvador Jesucristo, para poder llegar contigo a la luz y a la gloria del cielo. Amén.

Oración a la Virgen de Guadalupe

Virgen de Guadalupe, que a la tierra de México le has querido dar especiales muestras de benevolencia y has prometido consuelo y ayuda a los que te aman y siguen, mira benignamente a todos tus hijos: ellos te invocan con confianza.

Conserva en nuestras almas el don precioso de la gracia divina. Haz que seamos dóciles a la voluntad del Señor, de tal manera que cada vez más se extienda su reino en los corazones, en las familias y en nuestra nación.

Virgen Santísima, acompáñame en las fatigas del trabajo cotidiano, en las plegarias, en las penas y dificultades de la vida, de modo que nuestro espíritu inmortal pueda elevarse, libre y puro, a Dios, y servirlo gozosamente, con generosidad y fervor.

Defiéndenos de todo mal, Reina y Madre de México; y haz que seamos fieles imitadores de Jesús, que es Camino, Verdad y Vida, a fin de que un día podamos alcanzar en el cielo el premio de la visión beatífica. Amén.

(Juan XXIII)

Oración a Nuestra Señora de Guadalupe

¡Oh Virgen Inmaculada, Madre del verdadero Dios y Madre de la Iglesia! Tú, que desde este lugar manifiestas tu clemencia y tu compasión a todos los que solicitan tu amparo; escucha la oración que con filial confianza te dirigimos y preséntala ante tu Hijo Jesús, único Redentor nuestro.

Madre de misericordia, Maestra del sacrificio escondido y silencioso, a ti, que sales al encuentro de nosotros, los pecadores, te consagramos en este día todo nuestro ser y todo nuestro amor. Te consagramos también nuestra vida, nuestros trabajos, nuestras alegrías, nuestras enfermedades y nuestros dolores.

Da la paz, la justicia y la prosperidad a nuestros pueblos; ya que todo lo que tenemos y somos lo ponemos bajo tu cuidado, Señora y Madre nuestra.

Queremos ser totalmente tuyos y recorrer contigo el camino de una plena fidelidad a Jesucristo en su Iglesia: no nos sueltes de tu mano amorosa.

Virgen de Guadalupe, Madre de las Américas, te pedimos por todos los Obispos, para que conduzcan a los fieles por senderos de intensa vida cristiana, de amor y de humilde servicio a Dios y a las almas.

Contempla esta inmensa mies, e intercede para que el Señor infunda hambre de santidad en todo el Pueblo de Dios, y otorga abundantes vocaciones de sacerdotes y religiosos, fuertes en la fe, y celosos dispensadores de los misterios de Dios.

Concede a nuestros hogares la gracia de amar y de respetar la vida que comienza, con el mismo amor con el que concebiste en tu seno la vida del

Hijo de Dios. Virgen Santa María, Madre del Amor Hermoso, protege a nuestras familias, para que estén siempre muy unidas, y bendice la educación de nuestros hijos.

Esperanza nuestra, míranos con compasión, enséñanos a ir continuamente a Jesús y, si caemos, ayúdanos a levantarnos, a volver a él, mediante la confesión de nuestras culpas y pecados en el Sacramento de la Penitencia, que trae sosiego al alma.

Te suplicamos, que nos concedas un amor muy grande a todos los santos Sacramentos, que son como las huellas que tu Hijo nos dejó en la tierra.

Así, Madre Santísima, con la paz de Dios en la conciencia, con nuestros corazones libres de mal y de odios podremos llevar a todos la verdadera alegría y la verdadera paz, que vienen de tu Hijo, nuestro Señor Jesucristo, que con Dios Padre y con el Espíritu Santo, vive y reina por los siglos de los siglos. Amén.

(Juan Pablo II)

Triduo a la Virgen de Guadalupe

Primer día

Por la señal de la santa Cruz, de nuestros enemigos, líbranos Señor, Dios nuestro. En el nombre del Padre y del Hijo y del Espíritu Santo. Amén.

Invocación para todos los días

Madre mía dulcísima de Guadalupe. Heme aquí en tu presencia e imploro humildemente tu protección poderosa, tu clemencia maternal y tu intercesión, siempre consoladora y eficaz. Pobre en este valle de dolor, de miseria y de lágrimas, ¿a quién si no a ti, he de acudir en mis necesidades y tristezas?

Escucha, pues, mis ruegos e intercede por mí para que tu Hijo Divino Jesucristo, fruto bendito de tu vientre, por la pureza inmaculada de tu corazón, por la excelencia de tus méritos, y por la fidelidad de tu siervo Juan Diego, se digne concederme la gracia que pido en este Triduo, si ha de ser para gloria mayor de tu mismo Hijo Jesucristo y la salvación eterna de mi alma. Amén.

Oración para los tres días

Santísima Virgen de Guadalupe, Reina soberana y Madre tiernísima de los mexicanos: vengo a postrarme de hinojos a tus plantas, con el respeto y sumisión de un fiel vasallo hacia su Reina, pleno mi corazón, de amor y confianza, pues, eres también mi Madre amorosísima. Vengo a recordarte la dulcísima promesa hecha a tu fiel mensajero Juan Diego, de que "lo afamarías y sublimarías" en recompensa de lo que por ti hiciera, para que se cumpliera tu deseo de asentar aquí tu trono de misericordia, Madre mía, te ruego con to-

156

do el fervor de mi alma que te dignes realizar dicha promesa.

Con esta gracia que te pido, se habrá afianzado para nunca más romperse, el lazo de amor y gratitud que hacia ti nos liga. Se habrá colmado el anhelo de tu Nación privilegiada y principiará para ella la era verdadera de ardiente Fe, de prosperidad material bajo tu égida, y de una inquebrantable unión de todos los nacidos en este suelo santificado por tus benditas plantas.

Te pido también, Santísima Madre mía, que te muevan a compasión mis pesares, que remedies mis necesidades, me acojas amorosa bajo tu manto, y bendigas mi hogar y a los que en él moramos. Te lo pido por los méritos de tu siervo Juan Diego, a quien nombro mi intercesor delante de ti. Amén.

Jaculatorias en memoria
de las cuatro apariciones:

Madre Nuestra, Santa María de Guadalupe, sálvanos. Dios te Salve María.

Reina Nuestra, Santa María de Guadalupe, sálvanos. Dios te Salve María.

Abogada Nuestra, Santa María de Guadalupe, sálvanos. Dios te Salve María, Vida, dulzura y esperanza nuestra. Santa María de Guadalupe, sálvanos. Ave María.

Segundo día

Madre mía amantísima de Guadalupe; hacia ti dirijo mi humilde súplica en este día, pidiéndote por intercesión de tu "hijo pequeñito" Juan Diego, que terminen las penas y calamidades que sobre el mundo entero han llegado. Madre mía, óyeme; Madre mía, escúchame; Madre mía, atiéndeme y concédeme la gracia y el bienestar para los míos y el perdón de nuestras culpas. Te lo pido por el amor que demostraste a tu humilde siervo Juan Diego, al nombrarlo tu embajador. Amén.

Sigue la invocación, Oración y Jaculatorias como el primer día (páginas 156 y 157).

Tercer día

Virgen Santísima de Guadalupe, Reina de México y Emperatriz de América: postrado de rodillas te pido con todo el fervor de mi alma, que te dignes alcanzarme de tu Divino Hijo Jesucristo, la glorificación de tu hijo predilecto Juan Diego aquí en la tierra, según tú misma te dignaste prometérselo, cuando lo constituiste tu mensajero ante el Obispo de la Santa Iglesia.

Muéstrate, una vez más, verdadera Madre compasiva para tus hijos, dignándote escuchar benigna mi petición. Te lo pido por esa predilección tan singular que demostraste a tu fiel siervo Juan Diego, a quien pongo por mi intercesor. Amén.

Sigue la Invocación, Oración y Jaculatorias como el primer día (páginas 156 y 157).

Oración para pedir buen corazón

Santa María, Madre de Dios, dame un corazón de niño, puro y transparente como una fuente.

Dame un corazón sencillo, que no saboree la tristeza; un corazón generoso en entregarse, tierno a la compasión; un corazón grande y fiel, que no olvide ningún beneficio y no guarde rencor por ningún mal; dame un corazón manso y humilde, que ame sin exigir ser amado, que goce al desaparecer en otro corazón delante de tu Divino Hijo; un corazón magnánimo e invencible, que con ninguna ingratitud se cierre, que con ninguna indiferencia se canse, un corazón atormentado por la gloria de Jesucristo, herido de su amor, con una herida que no se cierre, hasta el cielo. Amén.

(P.L. de Gradmaison)

Plegaria al Inmaculado Corazón de María

Corazón de María, el más amable y compasivo de los corazones después del de Jesús, Trono de las misericordias divinas en favor de los miserables pecadores, yo, reconociéndome sumamente necesitado, acudo a ti en quien el Señor ha puesto todo el tesoro de sus bondades, con plenísima seguridad de ser por ti socorrido. Tú eres mi refugio, mi amparo, mi esperanza; por esto te digo y te diré en todos mis apuros y peligros: *Dulce corazón de María, sé la salvación mía.*

Cuando la enfermedad me aflija, o me oprima la tristeza, o la espina de la tribulación llague a mi alma, *Dulce corazón de María, sé la salvación mía.*

Cuando el mundo, el demonio y mis propias pasiones, unidos para mi eterna perdición, me persigan con sus tentaciones y quieran hacerme perder el tesoro de la divina gracia, *Dulce corazón de María, sé la salvación mía.*

En la hora de mi muerte, en aquel momento espantoso de que depende mi eternidad, cuando se aumenten las angustias de mi alma y los ataques de mis enemigos, *Dulce corazón de María, sé la salvación mía.*

Y cuando mi alma pecadora se presente ante el **tribunal de Jesucristo** para rendirle cuenta de toda **la vida, ven tú** a defenderla y ampárala, y entonces **y ahora y siempre,** *Dulce corazón de María, sé la salvación mía.*

Estas gracias espero alcanzar de ti, Corazón Inmaculado de María, a fin de que pueda verte y gozar de Dios en tu compañía por toda la eternidad en el cielo. Amén.

Consagración del joven a la Virgen

Virgen María, Madre querida:

Me consagro a ti y pongo entre tus manos toda mi existencia.

Acepta mi presente con todo cuanto hay en él.

Acepta mi futuro con todas sus posibilidades.

Quiero en esta consagración entregarte cuanto soy y tengo, cuanto he recibido de Dios.

Te entrego mi inteligencia, voluntad y corazón. Coloco entre tus manos mi libertad, mis anhelos, temores y esperanzas, tristezas y alegrías.

Protege mi vida, vela por mis acciones, a fin de que, siendo fiel a Dios, pueda con tu ayuda alcanzar la salvación.

Te consagro mi cuerpo y mis sentidos, a fin de que, siendo fiel a Dios, pueda con tu ayuda alcanzar la salvación.

Te consagro mi cuerpo y mis sentidos, a fin de que se conserven puros y me ayuden a practicar la virtud. Te consagro mi alma a fin de que la preserves del mal. Hazme participar en una santidad como la tuya; hazme conforme a Cristo, ideal de mi vida.

Te entrego mi entusiasmo y mi ardor juvenil; mis estudios y mi trabajo. Que no envejezca nunca en la vivencia de la fe. Te entrego mi capacidad y afán de amar; enséñame a amar como has amado y Jesús quiere que ame.

Te confío mis dudas y congojas. Que halle en tu Corazón Inmaculado seguridad, luz y sostén en todos los momentos de mi vida.

Acepto las renuncias y sacrificios que comporta esta ofrenda y prometo con la gracia de Dios y tu ayuda ser siempre fiel a este compromiso.

María, soberana de mi vida y de mi conducta, dispón de mí y de cuanto me pertenece a fin de que camine siempre unido a Jesús, bajo la mirada de mi Madre.

María: soy todo tuyo y cuanto tengo es tuyo. Ahora y para siempre. Amén.

Jaculatorias a la Virgen

1. Dulce Corazón de María, sé mi salvación.
2. Madre Dolorosa, ruega por nosotros.
3. Madre mía, esperanza mía.
4. Ruega por nosotros, Santa Madre de Dios, para que seamos dignos de alcanzar las promesas de Jesucristo.
5. Reina concebida sin pecado original, ruega por nosotros.
6. Madre mía, líbrame del pecado mortal.
7. María, esperanza nuestra, ten piedad de nosotros.
8. Santa María, líbranos de las penas del infierno.
9. Virgen María, Madre de Jesús, haznos santos.
10. María, haz que viva en Dios, con Dios y por Dios.

162

6. A LOS ANGELES Y A LOS SANTOS

Oración al Angel de la Guarda

Angel de Dios, ángel de mi guarda, pues la bondad divina me ha encomendado a tu custodia, ilumíname, dirígeme, guárdame. Amén.

Oración al Angel custodio

Angel santo, que velas por mi alma y por mi vida, no me dejes —soy pecador— y no me desampares a causa de mis manchas. No dejes que se me acerque el mal espíritu. Y dirígeme poderoso preservando mi cuerpo mortal. Toma mi mano débil y condúceme por el camino de la salvación.

(Macario, el Egipcio)

Otra oración al Angel custodio

Angel de la guarda, dulce compañía, no me desampares de noche ni de día; no me dejes solo, que me perdería. Ni vivir ni morir en pecado mortal. Jesús en la vida, Jesús en la muerte, Jesús para siempre, amén Jesús.

Oración a San Miguel Arcángel

Arcángel San Miguel, defiéndenos en la lucha, ampáranos contra la perversidad y acechanzas, y tú, príncipe de la celestial milicia, lanza al infierno con el divino poder a Satanás y a los otros malignos espíritus que andan por el mundo para la perdición de las almas. Amén.

(León XIII)

Oración a San José para pedir una santa muerte

Poderoso patrón del linaje humano, amparo de **pecadores**, seguro refugio de las almas, eficaz auxilio de los afligidos, agradable consuelo de los **desamparados**, glorioso San José, el último instante de mi vida ha de llegar sin remedio; mi alma **quizás** agonizará terriblemente acongojada con la **representación** de mi mala vida y de mis muchas **culpas**; el paso a la eternidad será sumamente **duro**; el demonio, mi enemigo, intentará combatirme terriblemente con todo el poder del infierno, a fin de que pierda a Dios eternamente; mis **fuerzas** en lo natural han de ser nulas: yo no tendré en lo humano quien me ayude; desde ahora, **para entonces**, te invoco, padre mío; a tu patrocinio me acojo; asísteme en aquel trance para que **no** falte en la fe, en la esperanza y en la caridad; **cuando** tú moriste, tu Hijo y mi Dios, tu Esposa y **mi** Señora, ahuyentaron a los demonios para que **no** se atreviesen a combatir tu espíritu. Por estos **favores** y por los que en vida te hicieron, te pido **ahuyentes** a estos enemigos, para que yo acabe la **vida** en paz, amando a Jesús, a María y a ti, San **José**. Amén.

Jesús, José y María, les doy el corazón y el alma mía.

Jesús, José y María, asístanme en mi última agonía.

Jesús, José y María, reciban, cuando muera, el alma mía.

Oración a San José por la Iglesia

A ti, bienaventurado San José, acudimos en nuestra tribulación, y después de implorar el auxilio de tu santísima Esposa, invocamos también confiadamente tu patrocinio. Por aquella caridad que con la Inmaculada Virgen María, Madre de Dios, te tuvo unido y por el paterno amor con que abrazaste al Niño Jesús, humildemente te suplicamos que vuelvas benigno los ojos a la herencia que con su sangre adquirió Jesucristo, y con tu poder y auxilio socorras nuestras necesidades.

Protege, ¡oh providentísimo custodio de la divina familia!, a la escogida descendencia de Jesucristo: aparta de nosotros toda mancha de error y de corrupción, asístenos propicio desde el cielo, fortísimo libertador nuestro, en esta lucha con el poder de las tinieblas; y como en otro tiempo libraste al Niño Jesús de inminente peligro de la vida, así ahora defiende a la Iglesia santa de Dios de las acechanzas de sus enemigos y de toda adversidad, y a cada uno de nosotros protégenos con perpetuo patrocinio, para que, a ejemplo tuyo y sostenidos por tu auxilio, podamos santamente vivir, piadosamente morir y alcanzar en los cielos la eterna bienaventuranza. Amén.

(León XIII)

Oración de los trabajadores a San José

Glorioso San José, modelo de todo trabajador. Alcánzame la gracia de trabajar con espíritu de penitencia en expiación de mis pecados; de trabajar a conciencia, poniendo el cumplimiento de mi deber por encima de mis naturales inclinaciones; de trabajar con reconocimiento y alegría, mirando como un honor el desarrollar, por medio del trabajo, los dones recibidos de Dios.

Alcánzame la gracia de trabajar, con orden, paz, moderación y paciencia, sin jamás retroceder ante las dificultades; de trabajar, ante todo, con pureza de intención y con desprendimiento de mí mismo, teniendo siempre ante mis ojos la muerte y la cuenta que habré de dar del tiempo perdido, de las habilidades inutilizadas, del bien omitido y de las vanas complacencias en mis trabajos, tan contrarios a la obra de Dios.

Todo por Jesús, todo por María, todo a imitación de ti, Patriarca San José. Tal será mi consigna en la vida y en la muerte. Amén.

Oración a San Pedro y San Pablo

San Pedro Apóstol, elegido por Jesús para ser la roca sobre la cual se construiría la Iglesia, bendice y protege al Sumo Pontífice, a los Obispos y a todos los cristianos de todo el mundo. Concédenos una fe auténtica y un amor grande a la Iglesia.

San Pablo Apóstol, propagador del Evangelio entre los pueblos, bendícenos y ayuda a los misioneros en la difusión de la Buena Noticia y concede a nosotros ser siempre testigos del Evangelio para que llegue a todas partes el reino de Cristo. Amén.

Plegaria a San Felipe de Jesús

San Felipe de Jesús, orgullo de nuestro Pueblo, que llevaste su espíritu generoso hasta el extremo del mundo.

Enséñanos a medir el valor exacto de las cosas; que nuestra Patria vuelva a su antigua riqueza y sea Dios el Señor de cada vida. Porque ya van siendo muchos los hijos de este suelo que vendieron sus ideales de eternidad y no les importó que se les marchitase el alma.

Cuando dabas la vida por tu ideal, mexicano y divino, reían tus ojos mirando hacia arriba y de tus labios brotaba el cantar mejor. Así debe reír nuestro pueblo, así quiere mirar al cielo, así como tú hemos de cantar la generosa melodía mexicana del amor a Dios y a todos los hombres como hermanos.

Vuelve otra vez a la vida de la Patria, hermano mayor de esta gran familia, que tiene por Madre a

Santa María. Ilumínanos por dentro y pídele al Señor que renovemos el alto ideal que trazaste con tu vida y de la misión universalista y espiritualizadora que el cielo marcó para nuestra Patria.

San Felipe de Jesús, el mayor de los mexicanos; que aprendamos de ti a ser como el mundo nos necesita y el cielo espera de nosotros.

Ruega por nosotros San Felipe de Jesús, para que seamos dignos de alcanzar las promesas de Jesucristo. Amén.

Oración a San Francisco de Asís

Seráfico San Francisco, tú que renovaste el mundo en el espíritu de Jesucristo, escucha nuestra oración.

Tú que para seguir fielmente a Jesús, abrazaste voluntariamente la pobreza evangélica, enséñanos a alejar de nuestro corazón el ansia de los bienes materiales que nos esclavizan.

Tú que viviste en ardiente amor a Dios y al prójimo, alcánzanos poder practicar la verdadera caridad y tener el corazón abierto a todas las necesidades de nuestros hermanos.

Tú que conoces nuestras necesidades y nuestras esperanzas, protege a la Iglesia y a nuestra Patria y suscita en el corazón de todos sentimientos de paz y de bien. Amén.

Oración a San Judas Tadeo

Dios nuestro que nos has dado a conocer a tu Hijo por la predicación de los Apóstoles, por intercesión de tu santo apóstol Judas Tadeo, bendice y protege nuestra familia y líbranos de todo mal, para que cada día conozcamos y amemos más a Cristo y a nuestros semejantes. Por Cristo nuestro Señor. Amén.

Oración a San Judas Tadeo, por el trabajo y la familia

San Judas Tadeo, intercesor en todo problema difícil, siento en mi interior la tentación y la tristeza de no ser fiel al Señor. Hasta he defraudado a mi familia y he fallado a la ilusión de otras personas. Alcánzame, te lo ruego, la gracia de cambiar eficazmente y a fondo mi vida.

Consígueme el trabajo en que me realice humanamente, y que así, tenga lo suficiente, en todos los aspectos, para mi familia. Que lo conserve a pesar de las circunstancias y personas adversas. Que en él progrese, que me rinda el tiempo y el dinero. Y que día a día trate de desempeñarme como un servicio a los demás.

Alcánzame la presencia y fortaleza de Dios, en medio de mi familia, para que como familia lo amemos, lo alabemos y recemos, le agradezcamos y ofrezcamos el diario cumplimiento del deber. Unenos estrechamente como familia humana y de Dios; protégenos en toda circunstancia. En especial, concédenos: *(Hágase aquí la petición)*.

Asocia tu intercesión a la Sagrada Familia, de la cual eres pariente. El promover tu auténtica devoción, que sea una expresión de mi gratitud. Amén.

Oración a San Antonio de Padua

Acuérdate, San Antonio, que tú siempre has ayudado y consolado a quien te ha invocado en sus necesidades.

Animado y lleno de confianza, también yo recurro a ti. No rechaces mi oración, y ven en mi ayuda en la presente aflicción y necesidad, y alcánzame la gracia que fervorosamente te pido, si es para la salvación de mi alma...

Bendice mi trabajo y mi familia: aleja de nosotros las enfermedades, y los peligros del alma y del cuerpo. Haz que en la hora de la prueba permanezca firme en la fe y en el amor a Dios. Amén.

Oración a San Juan Bosco

San Juan Bosco, amigo y padre de la juventud, yo invoco tu protección sobre todos los jóvenes de nuestro tiempo.

Tú has querido mucho a los jóvenes y a ellos has dedicado toda tu vida y los has orientado en el camino del bien, de la castidad y de la oración.

Te pido que continúes también hoy desde el cielo con tu misión de salvación. Haz que nuestros jóvenes crezcan sanos y generosos, que rechacen las ocasiones del mal, que se empeñen con todo su entusiasmo en vivir plenamente la vida cristiana para que sean siempre auténticos testimonios de Cristo Jesús. Amén.

Oración al Santo de nuestro nombre

San... a quien de verdad quiero, y bajo cuya protección especial me ha puesto la santa Madre Iglesia al hacerme hijo suyo en el bautismo, te ruego no dejes, hoy ni nunca, de velar para que viva como corresponde a un verdadero cristiano, y según mi nombre, siguiendo tus ejemplos. Ayúdame en mis dificultades; sobre todo no permitas que caiga en el pecado, y alcánzame que sepa hacer de mi vida mi mayor consuelo a la hora de la muerte, para ser contigo eternamente feliz. Amén.

Letanías de los Santos

Señor, ten piedad de nosotros.
Cristo, ten piedad de nosotros.
Señor, ten piedad de nosotros.

Cristo, óyenos.
Cristo, escúchanos.

Dios, Padre Celestial que eres Dios.
Ten piedad de nosotros.
Dios Hijo, Redentor del mundo que eres Dios.
Ten piedad de nosotros.

Espíritu Santo que eres Dios.
Ten piedad de nosotros.

Santísima Trinidad, que eres un solo Dios
Ten piedad de nosotros.

Santa María.	*Ruega por nosotros.*
Santa Madre de Dios.	"
Santa Virgen de las vírgenes.	"
San Miguel.	"
San Gabriel.	"
San Rafael.	"

Todos los santos ángeles y arcángeles.	*Rogad por nosotros.*
Todos los santos coros de los espíritus bienaventurados.	"

San Juan Bautista.	*Ruega por nosotros.*
San José.	

Todos los santos patriarcas y profetas.	*Rogad por nosotros.*

San Pedro.	*Ruega por nosotros.*
San Pablo.	"
San Andrés.	"
San Juan.	"
Santo Tomás.	"
Santiago.	"
San Felipe.	"
San Bartolomé.	"
San Mateo.	"

San Simón. *Ruega por nosotros.*
San Tadeo. "
San Matías. "
San Bernabé. "
San Lucas. "
San Marcos. "

Todos los santos apóstoles
  y evangelistas. *Rogad por nosotros.*
Todos los santos discípulos
  del Señor. "
Todos los santos inocentes. "

San Esteban. *Ruega por nosotros.*
San Lorenzo. "
San Vicente. "
San Fabián y San Sebas-
  tián. *Rogad por nosotros.*
San Juan y San Pablo. "
San Cosme y San Damián. "
San Gervasio y San Protasio. "
Todos los santos mártires. "

San Silvestre. *Ruega por nosotros.*
San Gregorio. "
San Ambrosio. "
San Agustín. "
San Jerónimo. "
San Martín. "
San Nicolás. "

Todos los santos obispos y
  confesores. *Rogad por nosotros.*
Todos los santos doctores. "

San Antonio. *Ruega por nosotros.*
San Benito. "

173

San Bernardo.	*Ruega por nosotros.*
Santo Domingo.	"
San Francisco.	"

Todos los santos sacerdotes y levitas.	*Rogad por nosotros.*
Todos los santos monjes y ermitaños.	"

Santa María Magdalena.	*Ruega por nosotros.*
Santa Agueda.	"
Santa Lucía.	"
Santa Inés.	"
Santa Cecilia.	"
Santa Catalina.	"
Santa Anastasia.	"

Todas las santas vírgenes y viudas.	*Rogad por nosotros.*
Todos los santos y santas de Dios.	*Interceded por nosotros.*

Muéstratenos propicio.	*Escúchanos, Señor.*

De todo mal.	*Líbranos, Señor.*
De todo pecado.	
De tu ira.	"
De la muerte súbita e imprevista.	"
De la cólera, del odio y de toda mala intención.	"
Del espíritu de fornicación.	"
Del rayo y de la tempestad.	"
Del azote de los terremotos.	"
De la peste, del hambre y de la guerra.	"
De la muerte eterna.	"

174

Por el misterio de tu santa
   encarnación.   *Líbranos, Señor.*
Por tu venida.   ”
Por tu navidad.   ”
Por tu bautismo y santo
   ayuno.   ”
Por tu cruz y tu pasión.   ”
Por tu muerte y sepultura.   ”
Por tu santa resurrección.   ”
Por tu admirable ascensión.   ”
Por la venida del Espíritu
   Santo, nuestro Conso-
   lador.   ”

En el día del juicio.   ”

Nosotros, pecadores, te rogamos que nos oigas, que
   nos perdones.   *Te rogamos, óyenos.*

Que nos seas indulgente.   ”

Que te dignes conducirnos
   a verdadera penitencia.   ”

Que te dignes regir y gober-
   nar tu santa Iglesia.   ”

Que te dignes conservar en
   tu santa religión al Sumo Pontífice y a todas
   las órdenes de la jerarquía eclesiástica.   ”

Que te dignes convertir a
   los enemigos de la santa
   Iglesia.   ”

Que te dignes conceder a los gobernantes cristianos la verdadera paz y la concordia. — *Te rogamos, óyenos.*

Que te dignes fortalecernos y conservarnos en tu santo servicio. — *"*

Que recompenses a todos nuestros bienhechores con los bienes eternos. — *"*

Que te dignes darnos y conservarnos los frutos de la tierra. — *"*

Que te dignes conceder el descanso eterno a todos los fieles difuntos. — *"*

Que te dignes escucharnos. — *"*

Cordero de Dios que quitas los pecados del mundo. — *Perdónanos, Señor.*

Cordero de Dios que quitas los pecados del mundo. — *Escúchanos, Señor.*

Cordero de Dios, que quitas los pecados del mundo. — *Ten misericordia de nosotros.*

Cristo, óyenos,
Cristo, escúchanos.
Cristo, ten piedad de nosotros.
Señor, ten piedad de nosotros.

176

IV.

ORACIONES DE LOS SACRAMENTOS DE LA VIDA CRISTIANA

1. EL SACRAMENTO DEL BAUTISMO

Oración de los padres al pedir el Bautismo de su hijo

Señor y Padre nuestro, en vísperas de bautizar a nuestro hijo queremos actualizar nuestro propio bautismo y profesar la fe de la Iglesia.

Somos conscientes de que debemos dar al bautismo toda la importancia que tiene y manifestar plenamente nuestra adhesión a Cristo. Por las renuncias queremos manifestar nuestra adhesión a Cristo. Por las renuncias queremos manifestar nuestro rechazo a la realidad del pecado y a todo lo que se opone a vivir según el Evangelio.

Al profesar nuestra fe en ti y en tu Hijo, aceptamos el estilo de vida del Evangelio, que se basa en el amor a todos y en todo. Nuestro propósito firme·es educar a nuestro hijo en la fe de la Iglesia y preservarlo del pecado del mundo.

Danos tu gracia y auxilio para ser fieles a nuestra misión. Por Cristo nuestro Señor. Amén.

Oración de acción de gracias después del Bautismo de un hijo

Divino Salvador, que dijiste: "El que no renazca en el agua y en el Espíritu no puede entrar en el reino de Dios"; tú has hecho renacer en el agua y en el Espíritu Santo a este hijo nuestro.

Lo has librado del pecado original, lo has santificado haciéndolo miembro de tu Iglesia e hijo tuyo.

Has puesto en su alma un anticipo del paraíso.

Te damos gracias, Señor.

Con tu ayuda, queremos protegerlo y educarlo para que tenga una fe firme y obedezca a tus mandamientos.

Por todo esto lo signamos con la señal de la cruz: † en el nombre del Padre, y del Hijo, y del Espíritu Santo. Amén.

Oración en el aniversario del Bautismo

Dios, Padre bueno, te agradezco por el santo Bautismo, con el cual me has hecho tu hijo para siempre, haciéndome resucitar, con Jesús, a una vida nueva y santa.

Te agradezco porque, con el agua bautismal, has llenado mi alma con el resplandor de la gracia, que es un rayo de tu hermosura divina. Te agradezco porque me has hecho templo vivo del Espíritu Santo, que habita siempre en mí y me santifica.

Quiero renovar en este momento mis PROMESAS BAUTISMALES, con las que me he empeñado a vivir santamente como hijo de Dios.

Conserva y aumenta en mí la fe y la gracia que me has infundido en el Bautismo y concédeme permanecer fiel a ella por toda mi vida. Amén.

Consagración del niño a la Virgen, después del Bautismo.

Santísima Virgen María, Madre de Dios y Madre nuestra, te presentamos a este niño (esta niña) que Dios nos ha dado y confiado a nuestro cuidado y protección, y que hoy, por el santo bautismo, se ha hecho hijo (a) de Dios y hermano (a) y miembro vivo de tu divino Hijo Jesús en la santa Iglesia. Te lo (la) consagramos confiadamente a tu ternura y vigilancia maternal.

Que por tu poderosa intercesión, Dios lo (la) proteja en su alma y en su cuerpo, y lo (la) preserve de todos los males. Si algún día tuviera la desgracia de pecar, recuérdale, Madre amorosísima, que eres bondadosa con el pecador arrepentido, y condúcelo (a) de nuevo a la gracia y amistad con tu divino Hijo.

Y a nosotros, sus padres y padrinos, ayúdanos a cumplir fielmente nuestras obligaciones con él (ella) y el compromiso que hemos contraído delante de Dios. Que con nuestra palabra, y especialmente con nuestro ejemplo, le enseñemos, el cumplimiento de la ley de Dios y el respeto a sus ministros.

Concédenos, finalmente, Santísima Virgen María, que algún día podamos juntarnos todos en la casa de nuestro Padre celestial, en la intimidad de tu Hijo y en el gozo del Espíritu Santo. Amén.

Renovación de los Compromisos Bautismales en Familia

Guía: ¿Renunciamos al pecado, para que podamos vivir en la libertad de los hijos de Dios?

Todos: Sí, renunciamos.

Guía: ¿Renunciamos a las seducciones del mal, para que el pecado no nos esclavice?

Todos: Sí, renunciamos.

Guía: ¿Renunciamos a Satanás, padre y autor del pecado?

Todos: Sí, renunciamos.

Guía: ¿Creemos en Dios Padre todopoderoso, creador del cielo y de la tierra?

Todos: Sí, creemos.

Guía: ¿Creemos en Jesucristo, su único Hijo, Señor nuestro, que nació de Santa María Virgen, padeció, fue sepultado, resucitó de entre los muertos y está sentado a la derecha del Padre?

Todos: Sí, creemos.

Guía: ¿Creemos en el Espíritu Santo, en la santa Iglesia católica, en la comunión de los santos, en el perdón de los pecados, en la resurrección de los muertos, y en la vida eterna?

Todos: Sí, creemos.

Se termina con la siguiente profesión de fe de parte de todos:

Guía: Esta es nuestra fe. Esta es la fe de la Iglesia, que nos gloriamos de profesar, en Jesucristo nuestro Señor.

Todos: Amén.

Cómo Bautizar en caso de emergencia

En caso de serio peligro de muerte, cualquier hombre o mujer bautizados pueden bautizar, derramando agua natural sobre la cabeza del bautizando y diciendo al mismo tiempo, con intención de bautizar como quiere la Iglesia:

N., (se dice el nombre del niño o niña), YO TE BAUTIZO EN EL NOMBRE DEL PADRE, † Y DEL HIJO, † Y DEL ESPIRITU SANTO †.

Es conveniente que la persona que bautiza, si es posible, haga que estén presentes uno o dos testigos y si sobrevive el niño, al llevarlo al templo, se le hace saber al sacerdote que ya se le bautizó de emergencia.

> **"En el día de nuestro bautismo recibimos el mayor don de Dios: fuimos liberados del pecado e incorporados a Cristo y a su Cuerpo que es la Iglesia". Juan Pablo II.**

181

2. EL SACRAMENTO DE LA CONFIRMACION

Oración de los padres por el hijo
que va a ser confirmado

Señor y Padre nuestro, te pedimos hoy por
nuestro(a) hijo(a), que va a ser confirmado(a)
próximamente con el sacramento del Espíritu.
Que la cruz con que va a ser marcado(a) sea un
signo indeleble en su vida, para que viva en todo
momento como creyente, y que la unción de
Cristo que va a recibir aumente el sentido profé-
tico y apostólico de toda su existencia cristiana.

Conserva y acrecienta en nuestro(a) hijo(a) los
dones del Espíritu Santo, para que supere las dificultades de la vida y alegre con su santidad a la
Iglesia. Concédele vivir en el amor, plenitud de la
ley, y manifestar la libertad gloriosa de los hijos
de Dios. Por Cristo nuestro Señor. Amén.

Reafirmación de los compromisos
de la Confirmación en Familia

Guía: Dios todopoderoso, que has regene-
rado a tus hijos con el agua y con el Espíritu Santo, y que nos has dado el perdón de nuestros pecados, envíanos desde el cielo tu Espíritu Santo con
la abundancia de sus dones.

Guía: **Concédenos el Espíritu de sabiduría y de entendimiento.**

Todos: **Amén.**

Guía: **Concédenos el Espíritu de consejo y de fortaleza.**

Todos: **Amén.**

Guía: **Concédenos el Espíritu de ciencia y de piedad.**

Todos: **Amén.**

Guía: **Llénanos, Señor, del Espíritu de temor y séllanos con el signo de la cruz de Cristo, para que firmes en la fe, se llenen por tu Espíritu, de la fortaleza necesaria para transmitir y proclamar la fe que hemos recibido.**

Todos: **Amén.**

Se termina con la petición siguiente:

Guía: **Con la reafirmación de los compromisos de nuestra Confirmación, y fortalecidos de nuevo con la iluminación del Espíritu, vamos a ser testigos de la luz que hemos recibido. Que el Señor y el Espíritu Santo nos acompañen en toda nuestra vida. Por Cristo nuestro Señor.**

Todos: **Amén.**

Oración en el aniversario de la Confirmación

Señor, en el sacramento de la Confirmación me has donado la luz y la fuerza del Espíritu Santo para que pudiera llegar, con la palabra y con el ejemplo, a ser testimonio de Jesucristo y colaborador en la obra apostólica de tu Iglesia, ven en ayuda de mi debilidad, renueva e infunde abundantemente en mí tu Espíritu con sus dones.

Concédeme que sea siempre fiel a mis compromisos cristianos, para vivir con valor mi fe y vencer siempre todas las sugerencias del enemigo. Amén.

Oración del testigo de Cristo

¡Aquí estamos en pie, tus hijos, Señor!
Elígenos, oh Cristo, para servirte.
Danos no temer nada sino a ti,
y sólo seguirte a ti.
Haznos más atrevidos y rectos,
y más puros nuestros corazones.
Críbanos como el ahechador
el trigo de que está celoso.
Como soldados, oh Cristo, tómanos:
ármanos con la fe, de arrogancia;
ármanos con amor, de bondad;
de fortaleza y de esperanza, ármanos.
Cristo, Cristo tómanos a tu servicio.

(P. Doncoeur)

SER COMO JESUS

"Ungido por el Espíritu Santo para anunciar el Evangelio a los pobres, para proclamar la libertad a los cautivos, la recuperación de la vista a los ciegos y la libertad a los oprimidos" (Lucas 14,16); (Puebla,190).

184

3. EL SACRAMENTO
DE LA EUCARISTIA

ORACIONES DE PREPARACION
A LA SAGRADA COMUNION

Oración de Santo Tomás de Aquino

Aquí me llego, todopoderoso y Eterno Dios, al Sacramento de tu Unigénito Hijo, mi Señor Jesucristo, como enfermo al médico de la vida, como manchado a la fuente de la misericordia, como ciego a la luz de la eterna claridad, como pobre al Señor del cielo y tierra, como desvalido al Rey de la gloria.

Ruega, pues, Señor, a tu infinita bondad y misericordia, que tengas a bien sanar mi enfermedad, limpiar mis manchas, alumbrar mi ceguera, enriquecer mi pobreza, vestir mi desnudez, para que así pueda yo recibir el Pan de los Angeles, al Rey de los Reyes y Señor de los que dominan, con tanta reverencia y humildad, con tanta contrición y afecto, con tanta pureza y fe, con tal propósito, cual conviene para la salud de mi alma.

Concédeme, te ruego, recibir no sólo el Sacramento del Cuerpo y Sangre del Señor, sino también la gracia y virtud del Sacramento. ¡Oh Dios de bondad!, concédeme de tal manera recibir el Cuerpo que tu Unigénito Hijo, tomó de la Virgen María, que merezca ser incorporado a su Cuerpo Místico y contado entre sus miembros.

185

Concédeme, Padre mío, que a este tu amado Hijo, al cual ahora en mi vida mortal me propongo recibir encubierto bajo el velo del Sacramento, logre yo contemplarlo cara a cara en el cielo donde contigo vive y reina por los siglos de los siglos. Amén.

Oración preparatoria por intercesión de la Virgen

Dios mío, que por la Inmaculada Concepción de la Virgen preparaste a tu Hijo digna morada: te rogamos que, así como por previsión de la muerte de tu mismo Hijo preservaste a nuestra Madre de toda mancha, así por su intercesión nos concedas llegar limpios a recibir a tu Hijo, que vive y reina contigo en unidad del Espíritu Santo y es Dios por todos los siglos de los siglos. Amén.

Oración de petición para antes de la Comunión

Señor Jesucristo, la comunión de tu Cuerpo y de tu Sangre no sea para mí un motivo de juicio y condenación, sino que, por tu piedad, me aproveche para defensa de alma y cuerpo y como remedio saludable.

Acto de fe

Jesús, Verdad eterna, yo creo que estás realmente presente en la Hostia santa. Aquí moras con tu cuerpo, sangre, alma y divinidad. Oigo tu invitación: "Yo soy el Pan vivo bajado del cielo". "Tomad y comed: esto es mi cuerpo". Creo, Señor y Maestro, mas aumenta mi débil fe.

Acto de esperanza

Jesús, único Camino de salvación. Tú me invitas diciéndome: "Aprended de mí": ¡Mas cuán poco me asemejo a ti!

Se hace aquí un rápido examen de conciencia. Después se dice:

Señor, yo no soy digno de que vengas a mí, pero una palabra tuya bastará para sanarme.

Tú, Jesús, complaciste al Padre: eres mi modelo. Atráeme a ti y dame la gracia de imitarte especialmente en la virtud que más necesito.

Acto de caridad.

Jesús Maestro, tú me dices: "Yo soy la Vida"; "el que come mi carne tendrá la vida eterna". En el bautismo y en la confesión me has comunicado esta vida y ahora la nutres, haciéndote mi comida.

Toma mi corazón; despréndelo de los bienes, placeres, alegrías y vanidades de la tierra. Te amo con todo mi corazón y sobre todas las cosas, bien infinito y eterna felicidad.

ORACIONES DE ACCION DE GRACIAS PARA DESPUES DE LA COMUNION

Oración a Jesús crucificado

Mírame, mi amado y buen Jesús, postrado en tu presencia. Te ruego con el mayor fervor imprimas en mí vivos sentimientos de fe, esperanza y caridad; verdadero dolor de mis pecados y propósito firmísimo de jamás ofenderte; mientras yo, con todo el amor y compasión de que soy capaz, contemplo tus cinco llagas, viendo lo que ya decía por ti el profeta David: "Han taladrado mis manos y mis pies y se pueden contar todos mis huesos".

Oración de Santo Tomás de Aquino

Te doy gracias, Señor Dios, Padre todopoderoso, por todos tus beneficios, y principalmente porque a mí, pecador, indigno siervo tuyo, sin mérito alguno de mi parte, sino por pura dignación de tu misericordia, te has dignado alimentarme con el Cuerpo y Sangre de tu Unigénito Hijo, mi Señor Jesucristo.

Te suplico que esta Sagrada comunión no me sea ocasión de castigo, sino intercesión saludable para el perdón; sea armadura de mi fe, escudo de mi buena voluntad, muerte de todos mis vicios, exterminio de todos mis malos deseos, aumento de caridad, paciencia y verdadera humildad, y de todas las virtudes; sea perfecto sosiego de mi cuerpo y de mi espíritu, firme defensa contra los enemigos visibles e invisibles, perpetua unión contigo, único y verdadero Dios, y prenda de mi muerte dichosa.

Te ruego que tengas por bien llevar a este pecador a aquel convite inefable donde tú con tu Hijo y el Espíritu Santo eres para tus santos luz verdadera, satisfacción cumplida, gozo perdurable, dicha consumada y felicidad perfecta. Por el mismo Cristo nuestro Señor. Amén.

Oración de San Ignacio de Loyola

Alma de Cristo, santifícame.
Cuerpo de Cristo, sálvame.
Sangre de Cristo, embriágame.
Agua del costado de Cristo, lávame.
Pasión de Cristo, confórtame.
Oh buen Jesús, óyeme.
Dentro de tus llagas, escóndeme.
No permitas que me aparte de ti.
Del maligno enemigo, defiéndeme.
En la hora de mi muerte, llámame.
Y mándame ir a ti,
para que con tus santos te alabe,
por los siglos de los siglos. Amén.

Oración de petición

Señor, ya que estás en mi corazón, escucha mi plegaria:

Jesús mío, hazme bueno, obediente, paciente, caritativo, limpio; dame la gracia de que triunfe

...inclinaciònes malas, la pereza, la ira, el orgullo, el desamor, la venganza y cuanto de malo sabes hay en mí. Dame salud de alma y cuerpo, buena voluntad para servirte, santa vida, buena muerte y la gloria del cielo.

A mis padres, ayúdalos en todo, Jesús mío, y recompénsalos cuanto han hecho por mí.

Con mis hermanos, haz que nos amemos mutuamente con verdadero amor, y, así como nos juntamos en una familia, únenos un día con nuestros padres en el cielo.

Al Papa Juan Pablo II y a nuestros Obispos, ilumínalos y dales acierto en la doctrina y en el gobierno de toda la Iglesia.

A los Sacerdotes, Religiosos, Misioneros y Catequistas, santifícalos y dales paciencia y valor en las dificultades, y consuelo en sus trabajos.

A los niños, hazlos dóciles y obedientes a sus padres y maestros, y consérvales siempre tu santa gracia.

A los jóvenes hazlos fuertes y valerosos para que vivan en todas partes la fe.

A los pecadores conviértelos y dales siempre tu misericordioso perdón.

A los afligidos y solos, dales consuelo.

A los que caen, dales tu gracia para que se levanten, y el triunfo final.

A los enfermos, salud si les conviene y conformidad en llevar su cruz.

A los que van a morir hoy, dales tu gracia y el perdón de sus pecados.

A las almas del Purgatorio, alívialas en sus penas, y dales el descanso eterno, con tu santa gloria. Amén.

VISITAS AL SANTISIMO SACRAMENTO

Oración al iniciar la visita a Jesús Sacramentado

En este Tabernáculo sagrado,
donde está mi buen Jesús por mí escondido,
mi corazón te adora muy rendido
y mi fe, te contempla anonadado.

Esta estación recibe con agrado,
como ofrenda de mi pecho agradecido
por el inmenso amor con que has querido
quedar, por nuestro bien, Sacramentado.

Remedia nuestros males y aflicciones,
da a tu Iglesia: paz, consuelo;
al Papa, fortaleza y bendiciones.

Extiende tu fe santa en este suelo,
para que unidos con tu amor los corazones
logremos adorarte en el Cielo. Amén.

Acto de desagravio al Santísimo Sacramento

Doy una mirada, Señor, a mi pasado... ¡Me estremezco!
¡Cuántas culpas, cuántas gracias perdidas!
El infierno, a la verdad, merezco,
mas no quiero agregar otros pecados,
desconfiando de ti, Salvador mío,

191

sólo quiero decirte a cada instante:
Corazón de Jesús, en ti confío.
Que mi plegaria ascienda hasta tu trono,
y por María, consiga lo que anhelo:
reparar, consolar, amarte mucho
con este amor con que se alcanza el Cielo.
Amén.

Señor mío Jesucristo

Señor mío Jesucristo, que por amor a los hombres estás noche y día en este sacramento, lleno de piedad y de amor, esperando, llamando y recibiendo a cuantos vienen a visitarte: creo que estás presente en el Sacramento del altar. Te adoro desde el abismo de mi nada y te doy gracias por todas las mercedes que me has hecho, y especialmente por haberte dado tú mismo en este sacramento, por haberme concedido por mi abogada a tu amantísima Madre y haberme llamado a visitarte en esta iglesia.

Adoro ahora a tu Santísimo Corazón y deseo adorarlo por tres fines: el primero, en acción de gracias por este insigne beneficio; en segundo lugar, para resarcirte de todas las injurias que recibes de tus enemigos en este sacramento; y, finalmente, deseando adorarte con esta visita en todos los lugares de la tierra donde estás sacramentado con menos culto y más abandono.

Me pesa el haber ofendido tantas veces a tu divina bondad en mi vida pasada. Propongo con tu gracia, no ofenderte más en adelante, y ahora,

192

por más miserable que sea, me consagro enteramente a ti, renuncio a mi voluntad y te la entrego
por completo, con mis afectos, deseos y todas mis
cosas.

De hoy en adelante haz de mí, Señor, todo lo
que te agrade. Yo solamente quiero y te pido tu
santo amor, la perseverancia final y el perfecto
cumplimiento de tu santa voluntad.

Te recomiendo las almas del Purgatorio, especialmente las más devotas del Santísimo Sacramento y de María Santísima. Te recomiendo también todos los pobres pecadores.

Finalmente, amadísimo Salvador mío, uno todos mis afectos y deseos a los de tu corazón amo-
rosísimo, y así unidos los ofrezco a tu eterno Padre y le suplico, en nombre tuyo, que, por tu
amor, los acepte y escuche. Amén.

(San Alfonso M. de Ligorio)

Oración de desagravio a Jesús Sacramentado

Señor Jesús, me arrodillo ante ti, reconociendo
tu presencia real en el Santísimo Sacramento. Te
agradezco inmensamente tu permanencia conmigo y la fe que me has dado.

Con profundo dolor siento que tantos hombres,
redimidos por ti, te olvidan y te ofenden; que en
tantos sagrarios estés solitario y en tantos hogares
no seas invitado.

Nosotros, arrepentidos de nuestros pecados,
queremos en la medida de nuestras fuerzas

hacerte compañía por cuantos te abandonan, y comprometen contigo nuestra vida, como ofrenda y desagravio a tu Corazón pleno de amor hacia nosotros.

Santa María, Madre nuestra, confiamos en tu Inmaculado Corazón que nos alcances gracias para perseverar en la fe, animarnos por la esperanza y vivir la caridad, como satisfacción de todos nuestros pecados y para la salvación del mundo.

1. Por todas las blasfemias, sacrilegios, profanaciones de fiestas, que se cometen contra el nombre de Dios y sus templos.
   Perdón, Señor, perdón.

2. Por todos los ataques a la Iglesia, persecuciones y propagandas de ateísmo.
   Perdón, Señor, perdón.

3. Por todos los que abandonan, los que desprecian el Magisterio de los Papas y por todos los falsos profetas.
   Perdón, Señor, perdón.

4. Por todas las opresiones de gobiernos, de esclavitud, de delincuencia; y todas las injusticias laborales, familiares, sociales.
   Perdón, Señor, perdón.

5. Por toda inmoralidad y corrupción: en el trabajo profesional, en la política, en las relaciones, espectáculos, diversiones, modas, lecturas, bebidas, drogas.
   Perdón, Señor, perdón.

6. Por todos los pecados de escándalo y de respeto humano, de inmoralidad y de pornografía en el cine, en los periódicos, en la televisión.
Perdón, Señor, perdón.

7. Por todos los pecados contra la santidad de la familia y contra la vida y el amor fraterno.
Perdón, Señor, perdón.

8. Por los sacerdotes indignos, por los políticos prepotentes y mentirosos, por todos los abusos de autoridad.
Perdón, Señor, perdón.

Oración

Cristo Jesús, pedimos en especial a tu Corazón que concedas gracias abundantes a los más necesitados; y que nunca permitas que nos apartemos de ti. Amén.

Un minuto con Jesús Sacramentado

Vengo a tu altar, Señor
a calmar mi sed de amor,
en busca de tu Corazón.

Porque siendo tú, mi Dios, fuente de todas las gracias,
ves mis angustias y consideras mis necesidades y solucionas mis problemas...

Dame, mi Jesús amoroso:
LUZ, SOSTEN, PAZ, PACIENCIA, CONFORMIDAD Y FORTALEZA CRISTIANAS.

Me abandono en los brazos de tu infinita misericordia, porque comprendo que fuera de ti no se
halla
paz y sosiego para el alma.
Sólo tú sabes amar y perdonar. Amén.

Momento de oración
ante Jesús Sacramentado

Paciencia el día de hoy, alma mía. Mañana seré
lo que Dios quiera. Esperando lo que sea, haz en
tanto la voluntad del Señor.

El día de ayer ya pasó... y de lo que ayer padecí
ya no me queda sufrimiento. Me quedará de ello
el mérito si lo ofrecí a Dios.

El día de hoy quiero sufrir con mérito.
Dios mío: el día de hoy no es sino un día solamente... El día de hoy es poca cosa...

Dios mío ¿qué menos podré yo hacer que ofrecerte las penas, los sufrimientos, las fatigas todas
de un solo día?

Que las de hoy, mi divino Maestro, sean todas
por tu amor... Yo te las ofrezco, por el Corazón
Inmaculado de tu santísima Madre. Padre Eterno, yo te ofrezco el Sagrado Corazón de Jesús con
todo su amor, todos sus sufrimientos y todos sus
méritos.

Para purificar el bien que he realizado mal en
este día y en mi vida pasada.

Gloria al Padre...

Para expiar los pecados que **he cometido** hoy y durante toda mi vida.

Gloria al Padre...

Para suplir el bien que por **negligencia he** omitido hoy y durante toda mi vida.

Gloria al Padre...

Sagrado Corazón de Jesús, en ti confío.

Un Dios crucificado... He aquí el oráculo que resuelve todas nuestras dudas, la respuesta a todos nuestros pretextos, la solución de todas nuestras dificultades.

Inmolarse es amar. Dios mío, estoy dispuesto a inmolarlo todo.

Oración

Jesús mío, yo me ofrezco a ti uniéndome espiritualmente a todas las santas Misas que se celebren este día a través del mundo entero y te las ofrezco en unión con las intenciones de tu Sagrado Corazón. Te ruego me reserves una gota de su preciosísima Sangre para lavarme de mis culpas y del castigo que por ellas merezco. Concédeme también la gracia de obtener por cada santo Sacrificio la salvación de un alma de las penas del Purgatorio, la conversión de un pecador; que un alma en la agonía pueda alcanzar misericordia y que un pecado mortal que tanto desagrada a tu Sagrado Corazón deje de ser cometido en este día. Amén.

Estación al Santísimo Sacramento

Guía: Alabado sea el Santísimo Sacramento del Altar.

Todos: Sea por siempre alabado.

Guía: Heme aquí, buen Jesús, en tu presencia, como un pobre ante *su gran Señor;* dame, Señor, tu gracia.

Padre nuestro, Ave María, Gloria.

Guía: Heme aquí, buen Jesús, en tu presencia: como *un servidor ante su Dueño;* dame, Señor, el sustento de tu Cuerpo y líbrame de mi gran pobreza.

Padre nuestro, Ave María, Gloria.

Guía: Heme aquí, buen Jesús, en tu presencia, *como un enfermo ante su Médico;* sana, Señor, las heridas de mi alma con el bálsamo de tu divina Sangre.

Padre nuestro, Ave María, Gloria.

Guía: Heme aquí, buen Jesús, en tu presencia, *como el discípulo ante su Maestro;* enséñame, Señor, a aceptar tu divina voluntad.

Padre nuestro, Ave María, Gloria.

Guía: Heme aquí, buen Jesús, en tu presencia, *como un hijo ante su Padre;* no me prives, Señor, de la herencia paterna que es la patria celestial.

Padre nuestro, Ave María, Gloria.

Guía: Heme aquí, buen Jesús, en tu presencia, *como una oveja ante su Pastor;* guarda,

Señor, el rebaño de tu santa Iglesia y recibe benignamente las súplicas de nuestro Santo Padre, Juan Pablo II.

Padre nuestro, Ave María, Gloria.

Visita meditada a Jesús Sacramentado

Corazón de mi Jesús Sacramentado, con mucho dolor de ser como soy y muchos deseos de ser como tú quieres que sea, vengo a tener contigo este ratito de conversación afectuosa aquí junto a ti, a los pies de tu sagrario, donde has querido quedarte por mí, para tu mayor gloria, para honor de mi Madre la Virgen María y para provecho de mi alma. Angel de mi Guarda, San José, enséñenme a escuchar a Jesús y a conversar con El.

Jesús: "*Si supieras...*"

¿Quieres, amigo mío, que tengamos un rato de conversación aquí, en mi sagrario, de corazón a corazón?

¡Nos hace tanta falta a los dos ese ratito!
A ti para fortalecerte, orientarte y hacerte mejor, a mí para suavizar mis horas de abandono, para gozarme en hacerte bien y por medio de ti a tantos hijos míos que te he confiado, en tu familia y entre tus amigos y contrarios; y a los dos para hablarnos íntimamente y consolarnos mutuamente.

Tenemos que hablarnos los dos: ¡los dos! Tú me hablas y yo seré todo oídos para escucharte y, cuando te hable, calla tú y manda callar todo lo que haga ruido en tu corazón. Y aquí es donde debemos hablarnos, en mi sagrario, no en otra parte.

"Mi queja"

¿Por qué veo a tan pocos junto a mí, en mi sagrario? ¡Si supieran, en cambio, lo que un rato de sagrario les da de luz a una inteligencia, de calor a un corazón, de aliento a un alma, de valor y fruto a una obra!

"Si conocieras el don de Dios...

Lee despacio mi Evangelio, penetra en el espíritu que lo vivifica y descubrirás que yo vine a la tierra con el decidido y principal propósito de quedarme en ella entre mis hijos. ¿Comprendes ahora cuál debería ser también tu idea dominante, tu obsesión, sabiendo que mi ilusión desde toda la eternidad ha sido morar entre los hombres?

"Donde está tu tesoro, allí está tu corazón"

¿Te has examinado dónde tienes tu tesoro y por tanto tu corazón? ¿Te has dado cuenta cuál es el objeto al que se dirigen tus afectos? Aun en esos momentos que pasás conmigo, en esos ratos que dedicas, después de tu comunión, ¿estás realmente conmigo, me hablas realmente a mí? ¡Piensa y te darás cuenta fácilmente que otro y aun otras cosas han ocupado mi lugar dentro de ti! Difícil, pero cierto.

"¿Crees en el Hijo de Dios?"

Un *"sí"* espontáneo **pronunciarán** tus labios, pero... si es sincera **esa afirmación**, ¿cómo me ves tan solo en los sagrarios, tan poco buscado en tus penas, en tus alegrías, en tus dudas, en tus inquietudes, en tus luchas... en mis abandonos?

Si de *corazón y de obra* supieras quién soy, ¿me vería tan poco recordado, tan desfiguradamente presentado, tan fríamente sentido, tan inconscientemente amado, tan injustamente apreciado?

"Si creyeras en mí"

Si tuvieras fe en mi presencia en el sagrario, ¿podrías estar dudando en los momentos de desaliento y del pesimismo o perdido entre las tentaciones y tibieza? Si tuvieras fe, verías cuán **acompañado te sentirías, cuán seguro andarías,** qué claro verías y con qué facilidad vencerías todos los obstáculos que se te presentaran. Habrías hallado la verdadera felicidad y verías cómo todas las cosas, aun las más difíciles, se convertirían en bien para ti.

"Y todo lo que pidiereis al Padre,
en mi nombre, lo haré"

¡Hijo mío! ¿Por qué dudas? ¿Te sientes indigno de alcanzar las **gracias que necesitas?** ¿Pides y no alcanzas lo que pides? Es porque olvidas lo que es mi Padre para mí y yo para mi Padre: todo él lo ha puesto en mis manos y lo ha sometido todo a mi juicio. Tú sabes quién soy yo para ti, lo que he hecho, dónde me he quedado para darte lo que tú necesitas. Habla...¿Qué quieres? Recuerda mi promesa: "Lo que pidas al Padre, en mi nombre, lo alcanzarás".

"Hágase tu voluntad"

Antes de empezar tu oración, antes de presentarme tus necesidades y deseos, empieza por decir esas palabras que yo mismo puse en tus labios: Ahí está el secreto de todo, Sabiduría infinita, amor infinito, providencia del Padre, poder sin límites, al cual ninguna fuerza, ni en el cielo, ni en la tierra, ni en los abismos, puede resistir. He ahí mis razones para pedirte esa confianza y esa entrega total.

Confía; habla; espera y tu voluntad y tus deseos terminarán por confundirse con los míos y los míos terminarán por identificarse con los tuyos. En eso está cifrada tu santidad y el fin de tu existencia.

"Tú haz lo tuyo. Yo no dejaré de hacer lo mío"

¿Quisieras hacer cosas grandes y no puedes? Es verdad, lo grande solamente lo hago yo. ¿Cosas chicas? Esas son las que te pido. A sembrar también tu *"granito de mostaza"*: Una lágrima, una gota de sudor, una limosna, un sacrificio desconocido, un pensamiento, un deseo, un acto bueno... Siembra y espera, que el milagro llegará. ¡La semilla más pequeña llegará a ser árbol grande!

"El triunfo por la Cruz"

Yo no he reinado en la tierra ni enseñado a reinar más que así. Las pasiones, la soberbia, la ingratitud, la injusticia, el desamor, la pereza, no tienen más contrapeso serio y seguro que mi Cruz.

¿Por qué insensiblemente te dejas llevar de espíritu humano y del mundo que no quiere cruz, que la rechaza y te empeñas en trabajar sin cruz, en triunfar sin cruz... y lo que es peor, en glorificarme a mí y santificarte a ti sin la Cruz?

"Dios no muere"

¿No me hice hombre para poder así triunfar del mundo, de los enemigos, de la misma muerte? Y el triunfo fue completo. La muerte huyó despavorida ante el hecho de mi Resurrección. La gloria es eterna: la misma gloria de Dios. En tus horas de dolor, en tus angustias, en tus tentaciones, en tus caídas, en tu muerte, confía y espera; omnipotente es Dios para convertir todo eso en gloria y triunfo eternos.

El alma

¡Señor Jesús, que te has humillado y rebajado tanto hasta hacerte hombre como yo, derrama sobre mí tus gracias divinas, desde ese trono de amor y de misericordia, para que yo me convierta en otro Cristo como tú! Amén.

Quince minutos en compañía de Jesús Sacramentado

No es preciso, hijo mío, saber mucho para agradarme mucho; basta que me ames con fervor. Háblame, pues, aquí, sencillamente, como hablarías al más íntimo de tus amigos, como hablarías a tu madre, a tu hermano.

¿Necesitas hacerme en favor de alguien una súplica cualquiera?

Dime su nombre, bien sea el de tus padres, bien el de tus hermanos y amigos; dime enseguida qué quisieras que hiciese actualmente por ellos. Pide mucho, mucho; no vaciles en pedir, me gustan los corazones generosos que llegan a olvidarse en cierto modo de sí mismos para atender a las necesidades ajenas.

Háblame así, con sencillez, con claridad, de los necesitados a quienes quisieras consolar, de los enfermos a quienes ves padecer, de los pecadores que deseas que vuelvan al recto camino, de los amigos ausentes que quisieras ver otra vez a tu lado.

Dime por todos una palabra de amigo, palabra entrañable y fervorosa. Recuérdame que he prometido escuchar toda súplica que salga del corazón; ¿y no ha de salir del corazón el ruego que me dirijas por aquellos que tu corazón especialmente ama?

Y para ti, ¿no necesitas alguna gracia?

Hazme, si quieres, una como lista de tus necesidades, y ven, léela en mi presencia.

Dime francamente que sientes soberbia, amor y apego a las cosas materiales; que eres, tal vez, egoísta, injusto, deshumano, inconsciente, negligente..., y pídeme luego que venga en ayuda de los esfuerzos, pocos o muchos, que haces para combatir y alejar de ti tales miserias.

No te apenes, ¡pobre alma! ¡Hay en el cielo tantos justos, tantos santos, que tuvieron esos mismos defectos! Pero pidieron con humildad, y poco a poco se libraron de ellos.

No vaciles en pedirme bienes espirituales y corporales; salud, ciencia, éxito en los trabajos, negocios o estudios; todo eso puedo darte, y lo doy, y deseo que me lo pidas en cuanto no se oponga, antes bien, ayude a tu santificación.

Hoy por hoy, ¿qué necesitas? ¿Qué puedo hacer por tu bien? ¡Si supieras los deseos que tengo en ayudarte!

¿Traes ahora mismo entre manos
algún proyecto?

Cuéntamelo todo detalladamente. ¿Qué te preocupa? ¿Qué deseas? ¿Qué quieres que haga por tu hermano, por tu hermana, por tu hijo, por tu esposa, por tu jefe? ¿Qué desearías hacer por ellos?

Y por mí, ¿no sientes deseos de mi gloria? ¿No quisieras poder hacer algún bien a tus semejantes, a tus amigos, a quienes amas mucho y que viven quizá olvidados de mí?

Dime qué cosa llama hoy particularmente tu atención, qué deseas más vivamente y con qué medios cuentas para conseguirlo. Dime si te sale mal tu empresa, y yo te diré las causas del mal éxito. ¿No quisieras que me interese algo en tu favor? Hijo mío, soy dueño de los corazones y paternalmente los conduzco, sin perjuicio de su libertad, a donde me place.

¿Sientes, acaso, tristeza o mal humor?

Cuéntame, cuéntame, alma desconsolada, tus tristezas con todos sus pormenores.

¿Quién te hizo mal? ¿Quién lastimó tu amor propio? ¿Quién te ha despreciado? Acércate a mi Corazón, que tiene bálsamo eficaz para curar todos esos males del tuyo. Dame cuenta de todo, y acabarás diciéndome que, a semejanza de mí, todo lo perdonas, todo lo olvidas, y, en pago, recibirás mi consoladora bendición.

¿Temes por algo? ¿Sientes en tu alma aquellas inquietudes, que no por infundidas dejan de ser desgarradoras? Echate en brazos de mi providencia. Contigo estoy; aquí a tu lado me tienes;

206

todo lo veo, todo lo oigo, ni un momento te abandono.

¿Sientes el alejamiento de personas que antes te estimaron bien, y ahora, te olvidan, se separan de ti, sin que les hayas dado el menor motivo? Ruega por ellas y yo las acercaré a ti, si no son obstáculo a tu santificación.

¿Y no tienes, tal vez, alguna alegría
que comunicarme?

¿Por qué no me haces partícipe de ella como buen amigo? Cuéntame lo que desde ayer, desde la última visita que me hiciste, ha consolado y hecho como sonreír tu corazón. Quizá has tenido agradables sorpresas; quizá has visto disipadas fuertes desconfianzas; quizá has recibido grandes noticias, alguna carta o muestra de cariño, has vencido alguna dificultad o salido de algún difícil problema. Obra mía es todo esto, y yo te lo he proporcionado; ¿por qué no has de manifestarme por ello tu gratitud y decirme sencillamente, como hijo a su padre: ¡Gracias, Padre mío, gracias!?

El agradecimiento trae consigo nuevos beneficios, porque al bienhechor le agrada verse correspondido.

¿Tampoco tienes alguna promesa que hacerme?

Leo, ya lo sabes, en el fondo de tu corazón. A los hombres se les engaña fácilmente; a Dios no; háblame, pues, con toda sinceridad. Tienes firme resolución de no exponerte ya más a aquella ocasión de pecado, de privarte de aquel objeto que te dañó, de no leer más aquella revista o libro que exaltó tu imaginación, de no tratar más con aquella persona que turbó la paz de tu alma?

¿Volverás a ser sencillo, amable y condescendiente con aquella otra, a quien por haberte ofendido, la has mirado hasta hoy como enemigo?

Ahora bien, hijo mío; vuelve a tus ocupaciones habituales: al taller, a la oficina, al hogar, al campo, al estudio..., pero no olvides los quince minutos de grata conversación que hemos tenido aquí los dos, en la soledad de este lugar. Guarda en cuanto puedas silencio, sencillez, recogimiento, resignación, respeto, amor a los demás. Ama a mi Madre, que lo es también tuya, la Virgen Santísima, y vuelve otra vez mañana con el corazón más dispuesto, más generoso a mi servicio. En mi Corazón encontrarás cada día nuevo amor, nuevos beneficios, nuevos consuelos.

Bendición con el Santísimo Sacramento

(Tantum ergo)

Adoremos reverentes
a tan grande Sacramento;
en vez de la antigua alianza
ya es el Nuevo Testamento;
no lo ven nuestros sentidos,
mas la fe lo está diciendo.

Honor, gloria y bendiciones
a Dios, Padre sin principio,
y las mismas alabanzas
al Hijo de El nacido,
y al Espíritu de ambos.
nuestro Dios único y trino. Amén.

Nos has dado el pan del cielo (T. P. Aleluya).

Que contiene en sí todo deleite (T. P. Aleluya).

Oración

Señor nuestro Jesucristo, que en este sacramento admirable nos dejaste el memorial de tu pasión, concédenos venerar de tal modo los sagrados misterios de tu Cuerpo y de tu Sangre, que experimentemos constantemente en nosotros el fruto de tu redención. Tú que vives y reinas por los siglos de los siglos.
Todos Amén.

Alabanzas al Santísimo Sacramento

Bendito sea Dios.
Bendito sea su santo nombre.
Bendito sea Jesucristo, verdadero Dios y verdadero Hombre.
Bendito sea el nombre de Jesús.
Bendito sea su sacratísimo Corazón.
Bendita sea su preciosísima Sangre.
Bendito sea Jesús en el Santísimo Sacramento del altar.

Bendito sea el Espíritu Santo Paráclito.

Bendita sea la excelsa Madre de Dios, María Santísima.

Bendita sea su santa e inmaculada Concepción.

Bendita sea su gloriosa Asunción.

Bendito sea el nombre de María, Virgen y Madre.

Bendito sea San José, su castísimo esposo.

Bendito sea Dios en sus ángeles y en sus santos.

Si nuestro culto eucarístico es auténtico debe hacer aumentar en nosotros la conciencia de la dignidad de todo hombre. La conciencia de esta dignidad se convierte en el motivo más profundo de nuestra relación con el prójimo. Así, pues, debemos hacernos particularmente sensibles a todo sufrimiento y miseria humana, a toda injusticia y ofensa, buscando el modo de repararlos eficazmente. Porque el sentido del misterio eucarístico nos impulsa al amor al prójimo, al amor a todo hombre. Juan Pablo II

4. EL SACRAMENTO
DE LA RECONCILIACION

Para hacer una santa Confesión, es muy importante tener presente las siguientes sugerencias:

1) *El examen de conciencia.* Es la diligente búsqueda de faltas cometidas, después de la última Confesión bien hecha.

2) *El dolor.* Es la parte esencial de la Confesión. Consiste en el arrepentimiento interno y sobrenatural de haber ofendido a Dios.

3) *El propósito.* Es el compromiso sincero de no volver a pecar y de huir de las ocasiones próximas.

4) *La Confesión.* Es acusarse de todos los pecados, clara y sinceramente y con humildad.

5) *La satisfacción.* Es la penitencia que nos impone el confesor y toda obra penitencial voluntaria. Además de la enmienda de la vida.

Cuando celebramos el Sacramento de la Confesión, el sacerdote nos da el perdón de parte de Jesús y de la Iglesia. Jesús ha dicho que hay una gran fiesta en el cielo cuando nos convertimos de nuestra vida de pecado. Por eso también nosotros sentimos alegría en la Confesión, porque nos reconciliamos con Dios y con los hermanos.

ORACIONES PARA ANTES DE LA CONFESION

Dios mío, he pecado

Dios mío, he pecado. Soy culpable delante de ti.

211

Dame el valor de decirle a tu sacerdote todo lo que te digo a ti en lo secreto de mi corazón.

Ilumina a mi confesor para que me guíe con seguridad en tu camino.

Aumenta mi arrepentimiento. Hazlo más auténtico: que sea verdadero el dolor de haberte ofendido y el de haber ofendido a mi prójimo.

Ayúdame a expiar mi pecado. Que los sufrimientos de mi vida y mis pequeñas mortificaciones se unan a los sufrimientos de Jesús, tu Hijo y cooperen a combatir el pecado del mundo. Amén.

Señor, soy un miembro enfermo

Señor, cuantas veces te he prometido jamás separarme de ti, otras tantas me has inspirado el gusto de cumplir perfectamente tu santa voluntad. Por una vez más he sido débil, no te he tomado en serio y he seguido los caprichos de mi voluntad.

Perdón, Señor, por mis infidelidades, siempre las mismas, monótonas y tristes, que me ponen en peligro de ofenderte con faltas más graves.

¡Cuántas veces, por mi ligereza, he rechazado tus gracias, para mí, para los demás y para la Iglesia!

Soy como un miembro enfermo, que hace sufrir a todo tu Cuerpo místico. Señor, tu no quieres la muerte del pecador, sino que se convierta y viva.

Fortalece mi fe, mi esperanza y mi amor.

Que te ofrezca cada día más el testimonio perfecto de mi agradecimiento con una vida en todo conforme a tu santa voluntad. **Amén.**

Señor, ayúdame a conocer mis pecados

Dios mío, heme aquí de nuevo con el ánimo de recibir el Sacramento de la Penitencia. Bajo tu mirada voy a examinar mi conciencia...

Dame tu luz para ver mis pecados y tu gracia para que me acerque con toda confianza al sacerdote que está aquí como tu representante...

Ayúdame a conocer bien mis pecados y a encontrar en lo posible la causa...

Haz que los deteste sinceramente y **que me corrija...**

Virgen María, concédeme ser **sincero en mi** confesión y renacer a la gracia de **una manera más** generosa y entusiasta. Amén.

EXAMEN DE CONCIENCIA

Examina tu vida a la luz de la Palabra de Dios.

I. SOBRE EL AMOR A DIOS

Jesús dice: *"Amarás al Señor, tu Dios, con todo tu corazón, con toda tu alma, y con toda tu mente. Este es el mayor y el primer mandamiento"* (Mateo 22,37).

Amor a Dios: ¿Se dirige mi corazón a Dios, lo amé sobre todas las cosas, en el fiel cumplimiento de sus mandamientos como un hijo ama a su padre? ¿O me olvido de Diòs, ocupándome sólo de las cosas materiales? ¿Mi intención es recta en todas mis obras?

Fe en Dios: ¿Es firme mi fe en Dios que habló a los hombres por medio de su Hijo? ¿Acepto firmemente la doctrina de la Iglesia? ¿Me preocupo por mi formación cristiana, participando en la instrucción religiosa y evitando todo aquello que pueda ser contrario a mi fe? ¿Manifiesto mi condición de cristiano en la vida pública y privada? ¿Me anima la esperanza de la vida eterna?

Confianza en Dios: ¿Rezo mañana y noche? ¿Es mi oración una verdadera conversión de mi mente y de mi corazón hacia Dios o es sólo algo externo? ¿Ofrezco a Dios mis trabajos, alegrías y dolores? ¿Recurro a la ayuda divina en las tentaciones? ¿Confío en las supersticiones, en el espiritismo o en cualquier otra forma de magia?

Respeto a Dios: ¿Respeto el nombre de Dios o le ofendo con reniegos, falsos juramentos o nombrándolo en vano? ¿He faltado al respeto a la Santísima Virgen o a los Santos?

Honra de Dios: ¿Santifico el domingo y los días de fiesta de la Iglesia? ¿Participo en la vida litúrgica de mi parroquia, especialmente a la Misa, de un modo activo y atento? ¿Cumplo el precepto anual de la confesión y de la comunión en la Pascua?

Jesús dice: *"Os doy un mandamiento nuevo: que os améis los unos a los otros. Que, como yo os he amado, así os améis también vosotros. En esto conocerán todos que sois mis discípulos: si os tenéis amor los unos a los otros"* (Juan 13,34-45).

Amor sobrenatural:¿Tengo verdadero amor a mi prójimo o engaño a mis hermanos utilizándolos para mis fines? ¿Me comporto con los demás como quisiera que los demás se comportasen conmigo? ¿Soy causa de grave escándalo con mis palabras o con mis obras?

Amor familiar¿Cómo me llevo con mi familia? ¿Contribuyo al bienestar y a la alegría de mis familiares con mi trabajo, paciencia y amor verdadero? ¿Soy hijo obediente y respetuoso y ayudo a mis padres en sus necesidades espirituales y materiales? ¿Soy esposo y padre responsable? ¿Soy fiel? ¿Amo de verdad a mi cónyuge y procuro su bien? ¿Me preocupo de educar cristianamente a los hijos? ¿Ayudo a los hijos con mi buen ejemplo y con oportunos y prudentes consejos?

Caridad:¿Comparto mis bienes con los más pobres que yo? ¿En lo posible, defiendo a los oprimidos, ayudo a los que viven en la miseria, socorro a los débiles? ¿Desprecio a mi prójimo, especialmente a los humildes, pobres, débiles, enfermos, ancianos, extraños o de otras razas?

Trabajo apostólico: ¿Realizo en mi vida la misión que acepté en la Confirmación? ¿Participo en las obras de apostolado de mi parroquia? ¿Trato de ayudar a resolver las necesidades de la Iglesia y de mi pueblo o de mi colonia? ¿Acepto gustoso la vocación sacerdotal o religiosa de algún familiar, rezo por las vocaciones, la evangelización de los pueblos, la unidad de la Iglesia, la conversión de los pecadores, la realización de la paz y de la justicia en todas partes?

Bien comunitario: ¿Me preocupo por el bien y el progreso de mi comunidad donde vivo? ¿Trabajo por la justicia, la honestidad de las costumbres, la concordia y la caridad? ¿Cumplo con mis deberes cívicos? ¿Obedezco y respeto a la legítima autoridad? ¿Utilizo el cargo o la autoridad que tengo para servir a los demás o para mi provecho personal? ¿Participo de la renovación espiritual y moral en los cargos de elección popular?

Trabajo: ¿Soy justo, laborioso, honrado en mi trabajo? ¿Pago el justo salario a mis empleados? ¿Les participo de las utilidades de la empresa a los empleados? ¿A mis trabajadores les proporciono las prestaciones sociales? ¿Cumplo con mis contratos? ¿He especulado con el alza de precios y con la competencia fraudulenta o he ocultado las mercancías? ¿Malgasto mi dinero? ¿Soy avaro? ¿Soy negligente en pagar las deudas en el tiempo establecido? ¿Son honestas mis ganancias? ¿Oculto o abulto las cuentas y no pago los impuestos justos? ¿Qué uso hago de mi tiempo, de mis fuerzas, de mi salud, de los dones que Dios me ha dado? ¿Uso los dones de Dios en superarme y perfeccionarme a mí mismo? ¿Vivo en el ocio y en la pereza?

Castidad: ¿He mantenido mis sentidos y todo mi cuerpo en la pureza y castidad como templo que es del Espíritu Santo? ¿He manchado mi cuerpo con la fornicación, con la impureza, con palabras y pensamientos malos, con deseos y acciones torpes? ¿He condescendido a mis placeres? ¿He tenido conversaciones, hecho lecturas o asistido a espectáculos y diversiones contrarias a la honestidad humana y cristiana? ¿He incitado a otros al mal con mis actos? ¿He observado la ley moral en el uso del matrimonio?

Respeto a la vida: ¿He causado daño a la vida, a la salud, a la fama, a la integridad física de los demás? ¿He dañado mi salud? ¿He aconsejado el aborto o intervenido en él? ¿Uso o propago medios anticonceptivos en contra de la doctrina conyugal cristiana? ¿He deseado mal a alguien? ¿Le guardo rencor u odio a alguna persona? ¿Me siento separado de alguien por pleitos, envidias, injurias, ofensas o enemistades? ¿Descuido culpablemente, por egoísmo, el atestiguar la inocencia del prójimo?

Respeto a la verdad: ¿He dicho siempre la verdad y he respetado los secretos? ¿He perjudicado a otros con mentiras, calumnias, difamación, juicios temerarios o violación de secretos? ¿He reparado el mal hecho? ¿He actuado contra mi conciencia por temor o por hipocresía? ¿Vivo en la libertad de los hijos de Dios o soy esclavo de mis pasiones? ¿He impuesto mi voluntad a los demás en contra de su libertad y de sus derechos?

Respeto a la propiedad: ¿He robado o deseado injusta o desordenadamente cosas de otros? ¿He omitido la devolución de cosas recibidas en préstamo? ¿He procurado restituir lo ajeno y he reparado el daño provocado?

Perdón fraterno: ¿Estoy dispuesto a perdonar a los que me han ofendido, por amor a Cristo? ¿Conservo odio, rencor, deseos de venganza? ¿He provocado y fomentado enemistades? ¿Hago el bien a quienes me odian?

Penitencia y lucha en contra de los pecados: ¿Soporto con paciencia y serenidad los dolores y contrariedades de la vida? ¿Mortifico mi cuerpo para ir completando lo que falta a los dolores de Cristo? ¿Observo la ley del ayuno y de la abstinencia? ¿Me esfuerzo para avanzar en la vida espiritual por medio de la oración, la lectura y la meditación de la Palabra de Dios, la participación en los Sacramentos y la mortificación? ¿Estoy esforzándome en superar mis vicios, mis inclinaciones y pasiones malas, como la envidia, o la gula en comida y bebidas? ¿Cumplí con la penitencia de mi última confesión y reparé las injusticias cometidas? ¿Olvidé, en mis anteriores confesiones, algún pecado grave o lo callé voluntariamente?

CONFESION INDIVIDUAL

I. *Saludo*

El fiel se santigua diciendo:

En el nombre del Padre y del Hijo y del Espíritu Santo. Amén.

El sacerdote invita al penitente a poner su confianza en Dios:

Que Dios te conceda reconocer tus pecados y confiar en su misericordia.

Amén.

II. *Lectura de la Palabra de Dios*

Opcional. El sacerdote o el fiel, lee algún texto apropiado de la Palabra de Dios. Por ejemplo:

"Jesús comenzó en Galilea a proclamar el Evangelio de Dios diciendo: El Reino de Dios está cerca; conviértanse y crean en el Evangelio" (Marcos 1,15).

O bien:

"Escucha al Señor que nos dice: si perdonas a los demás sus culpas, también tu Padre del cielo te perdonará... pero si no perdonas, tampoco el Padre celestial te perdonará" (Cf. Mateo 6,14-15).

III. *Confesión*

El penitente se acusa de sus pecados. Al terminar la confesión de los pecados, el sacerdote le propone una obra de penitencia que el penitente aceptará como satisfacción por sus pecados y para enmienda de su vida.

IV. *Oración del penitente*

El penitente manifiesta su arrepentimiento y su propósito diciendo:

Jesucristo, mi Dios y mi Salvador:
yo me arrepiento de corazón
de todos los pecados que he cometido,
porque con ellos ofendí a un Dios tan bueno.
Propongo firmemente no volver a pecar.
Confío en que me perdonarás mis culpas
y me llevarás a la vida eterna,
porque eres bueno. Amén

O bien:

Misericordia, Dios mío, por tu bondad; por tu inmensa compasión borra mi culpa; lava mi delito; limpia mi pecado (Salmo 50, 3-4).

V. *Absolución*

El sacerdote dice:

Dios Padre misericordioso, que reconcilió al mundo consigo por la muerte y la resurrección de su Hijo, y envió al Espíritu Santo para el perdón de los pecados, te conceda, por el ministerio de la Iglesia, el perdón y la paz.

Y YO TE ABSUELVO DE TUS PECADOS EN EL NOMBRE DEL PADRE † Y DEL HIJO Y DEL ESPIRITU SANTO.

Amén.

VI. *Alabanza a Dios y despedida*

El penitente reconoce la misericordia de Dios y le da las gracias. Luego el sacerdote lo despide en paz.

Dad gracias al Señor, porque es bueno.
Porque es eterna su misericordia.
El Señor te ha perdonado tus pecados, vete en paz y no vuelvas a pecar.
Amén.

COMO ACCION DE GRACIAS Y DESPEDIDA, EL SACERDOTE DICE:

La pasión de nuestro Señor Jesucristo, la intercesión de la santísima Virgen María y de todos los santos, tus buenas obras y tus sufrimientos te sirvan para remedio de tus pecados, aumento de gracia y recompensa de vida eterna. Vete en paz.
Amén.

ACCION DE GRACIAS
DESPUES DE LA CONFESION

Oración a Jesús después de la Confesión

Qué grande es tu misericordia, Señor. Tú me has abrazado como tu hijo y me has colmado de tu amor.

Te agradezco, Señor, y te prometo con la ayuda de tu gracia, de amarte cada vez más y de no separarme jamás de ti.

Jesús bondadoso, concédeme que me mantenga fiel hasta el final. Haz que yo siempre desee y busque lo que a ti te agrada. Que tu voluntad sea la mía, y la mía siga siempre a la tuya y que siempre esté de acuerdo completamente.

Virgen Santísima, ayúdame: tú eres la Madre de la perseverancia, tú eres la razón de mi esperanza. Intercede por mí: guárdame en la gracia de Dios, limpio y feliz, como lo estoy en estos momentos. Cuida de mis sentidos, de mi mente, y que mi corazón sea fiel a Dios hasta mi muerte. Amén.

Perdón, Dios mío

Dios mío, perdón,
perdón por mi tibieza,
perdón por mi cobardía,
perdón por mi orgullo,
perdón por mi apego a mi propia voluntad,
perdón por mi debilidad e inconstancia,
perdón por el desorden de mis pensamientos,
perdón por el olvido tan frecuente de que vivo en tu presencia,
perdón por todas mis faltas, por todas las faltas de mi vida.
Señor, ven en mi ayuda,
socorre a quien has colmado de tantos beneficios,
para que se convierta y pueda aprovecharse de los maravillosos dones
que todavía le ofreces,
a fin de que cumpla plenamente lo que tú quieras de él,
eso hacia lo que tú, en tu inefable bondad, le llamas,
por más que él sea tan indigno.

(Ch. de Foucauld)

5. EL SACRAMENTO DEL MATRIMONIO

Oración para antes del matrimonio

Señor, Jesús; tú que dijiste que donde dos o más se unieran para orar en tu nombre, allí estabas tú, y lo que ellos pidieran al Padre, El lo concedería, acércate a nosotros y escucha nuestro ruego.

En tu nombre hemos unido nuestros corazones y nuestros deseos; en tu nombre, porque nuestro amor lo consideramos como regalo tuyo; creemos que tú nos uniste, creemos que tú presides nuestro cariño, creemos que tú protegerás nuestra ilusión.

Ven, Señor, eleva al Padre nuestra oración. Conoces nuestro deseo más íntimo y unánime: queremos que esta unidad que tú estrechaste entre nosotros sea tan duradera y santa que imite de algún modo a la Unidad aquella que tú con el Padre y el Espíritu Santo tienes y tendrás eternamente.

Y en esta unidad, tú lo sabes, está el sueño de un hogar nuevo, de un Nazaret como aquél, con la pureza y humildad de María, el trabajo y el tesón de José y tu presencia e imagen en nuestros hijos, nacidos para ti, y cuantos tú quisieras enviarnos.

Señor, Jesús: nuestra gratitud no puede aún ofrendarte otra cosa más que estos pobres corazones humanos, llenos de la ilusión más pura, para que tú los bendigas con aquella bendición milagrosa de Caná. Convierte, Señor, nuestro amor de

hoy, limpio y sencillo, en el fecundo y maravilloso
vínculo matrimonial.

Con nosotros te lo pide ella, la Madre Santa del
Amor Hermoso.

Ella se ha compadecido y nos quiere. Tú harás
el milagro.

Para que creamos más en ti, a gloria de tu Padre y nuestro, que contigo y el Espíritu Santo reinas, por los siglos de los siglos.
Amén.

Oración de los esposos

Señor, haz que nuestro hogar sea un sitio de tu
    Amor.
Que no haya injuria, porque tú nos das com-
    prensión.
Que no haya amargura, porque tú nos bendices.
Que no haya egoísmos, porque tú nos alientas.
Que no haya rencor, porque tú nos das el perdón.
Que no haya abandono, porque tú estás con noso-
    tros.
Que sepamos marchar hacia ti en nuestro diario
    vivir.
Que cada mañana amanezca un día más de en-
    trega y sacrificio.
Que cada noche nos encuentre con más amor de
    esposos.
Haz, Señor, de nuestras vidas que quisiste
    unir,
unas páginas llenas de ti.
Haz, Señor, de nuestros hijos, lo que tú anhelas:

ayúdanos a educarlos, a orientarlos por tu camino.

Que nos esforcemos en el consuelo mutuo.

Que hagamos del amor un motivo para amarte más.

Que demos lo mejor de nosotros para ser felices en el hogar.

Que cuando amanezca el gran día de ir a tu encuentro,

nos concedas el hallarnos unidos para siempre en ti. Amén.

Renovación de las promesas matrimoniales

Señor Jesús, Salvador del mundo:
Tú nos has dado la gracia inestimable
de nuestra unión sacramental.
Delante de ti,
vivo y presente en el sacramento del amor,
renovamos hoy, conscientes de lo que nos pides,
nuestra donación mutua.
Haznos una sola cosa en ti.
Unenos en tu Amor.
Acepta esta oferta nuestra
y danos la gracia de perseverar
fieles a la Alianza,
hasta tu encuentro en las eternas bodas. Amén.

Oración en el 25 aniversario matrimonial: Bodas de plata

Dios todopoderoso y eterno, que hace veinticinco años nos uniste con el vínculo indisoluble del matrimonio a N. y N. y nos has conservado unidos por el amor en sus penas y alegrías, aumenta y purifica ese amor para que, amándonos cada día, nos santifiquemos mutuamente. Por Cristo nuestro Señor. Amén.

Oración en el 50 aniversario matrimonial: Bodas de Oro

Dios Padre, todopoderoso, mira con bondad a nosotros, N. y N. que hace cincuenta años bendijiste las primicias de nuestro amor, y que ahora (rodeados de los hijos que engendramos para la vida y la fe), te pedimos que nos concedas, por las buenas obras, que a lo largo de nuestra vida hemos realizado, vivamos llenos de tu amor y de tu paz el resto de nuestros días. Por Cristo nuestro Señor. Amén.

En el SI que se dan los bautizados, por el que se prometen amor y fidelidad para toda la vida y en la vida consecuente con esa promesa está el Sacramento. Ahí está Cristo presente bendiciendo y consagrando ese SI, comunicando su Espíritu para hacer realidad diaria la promesa que los esposos hacen delante de la Comunidad Cristiana de: Pertenecerse mutuamente en el amor y en la fidelidad, en lo favorable y en lo adverso, con salud o enfermedad, y respetarse todos los días de su vida.

---

6. EL SACRAMENTO DEL ORDEN

Oración por la Jerarquía

Señor, te doy gracias por haberme recibido y vivificado en tu Iglesia. Quiero permanecer en ella para siempre, quiero militar en ella hasta mi muerte. Quiero ser un hijo sumiso de tu Iglesia.

Quiero ver en todo sacerdote al hombre de Dios, al hombre que ha recibido el mandato de decir tu verdad a los demás hombres y de distribuirles tu vida, de absolverlos en tu nombre y de darles tu cuerpo como alimento. Quiero ver en la Jerarquía católica tu presencia continua entre nosotros para ayudarnos a intensificar nuesta fe, a consolidar nuestra esperanza, a practicar nuestro amor. Amén.

Oración por el Papa

Dios, Pastor y Guía de todos los fieles, mira con benevolencia a tu siervo, nuestro Santo Padre el Papa Juan Pablo II que has querido poner a la cabeza de tu Iglesia. Concédele, te rogamos, la gracia de edificarla con sus palabras y con su ejemplo. Y que, de esta manera, llegue un día a la vida eterna, con todos cuantos le han sido confiados. Te lo pedimos por Cristo nuesto Señor. Amén.

Oración por el propio Obispo

Dios nuestro, pastor y guía de todos los fieles,
mira con bondad a tu hijo N.,
a quien constituiste pastor de la diócesis de N.,
y sostenlo con tu amor, para que,
con su palabra y su ejemplo,
conduzca al pueblo que le has confiado,
y llegue juntamente con él a la vida eterna.
Por Jesucristo nuestro Señor.
Amén.

Oración por los sacerdotes

Te pedimos, Señor, por el sacerdocio católico.

Multiplica los sacerdotes, pero sobre todo, sacerdotes santos, mensajeros de una verdad ecuménica y eterna; que sepan presentarla a los hombres de su siglo y de su pueblo. Santos de hoy, sacerdotes "antiguos" en hombres nuevos.

Tú les has confiado una misión: que reflejen en ellos tus virtudes, se presenten ante todo como testigos tuyos.

Que realicen en su vida el misterio de tu muerte y que celebren en esta solemnidad colmada de maravillas, su misa de cada día.

Que beban de la fuente misteriosa de tu Pasión la inquietud por la salvación de sus hermanos, por la salvación del mundo entero. Que sepan respetar, a pesar de esa inquietud, la libertad de las almas, esa libertad que tu palabra ha dado a gustar al mundo.

Que acierten a comprender y a expresarse con el lenguaje de su tiempo; siempre atentos a no comprometer con opiniones inestables y efímeras la imperecedera estabilidad de tu Evangelio.

Que a la vista del largo invierno de las almas, conserven la esperanza obstinada de la inminente primavera, y que delante de aquellos mismos que te persiguen, tengan presente el camino de Damasco y los secretos lances de tu Providencia. Amén.

(Pierre Paris)

Jesús, Sacerdote eterno,
guarda a tus sacerdotes

¡Oh Jesús!, Sacerdote eterno,
guarda a tus sacerdotes bajo la protección de tu
    Sagrado Corazón,
donde nada pueda mancillarlos,
guarda inmaculadas sus manos ungidas
que tocan cada día tu sagrado Cuerpo
guarda inmaculados sus labios,
diariamente teñidos con tu preciosa Sangre,
guarda puros, despojados de todo afecto terrenal,
    sus corazones
que tú has sellado con la sublime marca del sacer-
    docio.
Que tu santo amor los rodee y los preserve
del contagio del mundo.
Bendice sus tareas apostólicas con abundante fruto, y haz que las almas

confiadas a su celo y dirección sean su alegría acá
en la tierra y formen
en el cielo su hermosa e imperecedera corona.
Amén.

Corazón sacerdotal de Jesús.
Multiplica a tus sacerdotes.
Santifica a tus sacerdotes.
Obra por ministerio de tus sacerdotes.

Oración por las vocaciones sacerdotales

Buen Jesús, divino Pastor de las almas, que nos
enseñaste a pedir a tu Padre y Señor de la mies
que envíe obreros a su mies, dígnate suscitar en tu
Iglesia, y en particular en nuestra Patria, (nuestra
Diócesis, Parroquia), muchos y santos sacerdotes
que, siendo fieles seguidores tuyos, luchen, con el
mismo celo en que ardía tu compasivo Corazón, la
gloria de tu Padre y la salvación de las almas
por ti redimidas y a ellos encomendadas. Amén.

María, Madre del Sumo y Eterno Sacerdote Jesucristo, multiplica el número de los que, participando de su Sacerdocio y de sus virtudes, conti-
núen sobre la tierra y especialmente en nuestra
Patria (Diócesis, Parroquia), la santa y liberadora
misión de tu Hijo. Amén.

Sagrado Corazón de Jesús, ten misericordia de
nosotros.

María Santísima, Reina de los Apóstoles,
ruega por las vocaciones.

7. EL SACRAMENTO DE LA UNCION DE LOS ENFERMOS

ORACIONES DEL ENFERMO

Oración para pedir la salud

Padre nuestro, que estás en los cielos, al igual que el sol ilumina la tierra y le da calor y vida, él nos recuerda tu amor. Porque es en ti en quien vivimos, nos movemos y existimos. De la misma manera que has estado entre nosotros muchas veces a la hora de la dificultad, en el pasado, continúa bendiciéndonos ahora con tu ayuda.

Mira, Señor, con bondad lo que se está haciendo en provecho mío. Guía con sabiduría al médico y a todos los que cuidan de mis necesidades. Préstales tu fuerza curativa, para que me sea devuelta la salud y la fortaleza. Y te daré gracias por tu generoso y solícito cuidado. Por Cristo nuestro Señor. Amén.

Oración para aceptar la voluntad de Dios

Has clavado, Señor, tu cruz sobre mi alma,
sobre mi cuerpo,
sobre mi corazón.
Me ofreces el dolor
y de todos los dolores eliges para mí el que tú sabes
que más agudamente va a atravesar mi corazón.

Ayúdame, Señor, a soportar esta cruz.
Sin amargura,
sin abatimiento,
sin consideración alguna sobre mí.

Oración de un enfermo inválido

Señor, nosotros los enfermos, nos acercamos a ti.

Somos los "inútiles" de la humanidad. En todas partes estorbamos.

No podemos dar nuestra parte a la economía maltrecha del hogar difícil.

Gastamos y consumimos dolorosamente los pobres ahorros en medicinas, en inyecciones, en apresuradas visitas al médico.

Todos sonríen, nosotros lloramos en silencio.

Todos trabajan; nosotros descansamos forzosamente. Quietud más fatigosa que la misma labor. No podemos levantar la silla que ha caído, ni acudir a la puerta que llaman; ni abrir la ventana al amanecer...

. No nos es permitido soñar; ni amar a una mujer o (a un hombre); ni pensar en un hogar; ni acariciar con los dedos de la ilusión las cabecitas de nuestros hijos.

Y, sin embargo, sabemos... que tenemos reservada para nosotros una empresa muy grande: ayudar a los hombres a salvarse, unidos a ti.

232

Haz, Señor, que comprendamos la sublime fuerza del dolor cristiano. Que conozcamos nuestra vocación y su sentido íntimo.

Recoge, Señor, como un manojo de espigas, en tus manos clavadas, nuestra inutilidad, para que les des una eficacia redentora universal.

La salvación del mundo la has puesto en nuestras almas.

Que no te defraudemos. Amén.

(Manuel Lozano)

Oración del enfermo por su familia

Señor Jesús, amigo mío:
hoy quiero pedirte por mi familia.

Mi enfermedad ha trastornado todo;
los veo preocupados a pesar de sus esfuerzos
por mostrarse serenos
—tienen que distribuir su tiempo entre
el trabajo y las preocupaciones diarias
y mi atención–.
Sufren, me doy cuenta;
a veces, se impacientan; lo comprendo;
otras, veo que su esperanza decrece.

Señor, ¡te doy gracias por mi familia!
¡Cuántos enfermos no la tienen!
Señor, ¡te pido por mi familia!
Dales fuerza, serenidad, paz y esperanza.
Págales tú, con tu amor,
todo lo que hacen por mí.
Ojalá yo pueda aparecer ante sus ojos,

233

como si fueras tú mismo el enfermo,
el que sufre, el que necesita misericordia.
Señor, ¡te pido por mi familia!
Bendícela, únela, ayúdala a crecer en el amor;
que te conozcan cada día más
para que tú inspires sus actos y toda su vida.
Amén.

(Edgardo Juan T.)

Señor, acuérdate de mí, en mis últimos momentos

"Acuérdate de mí, Señor, cuando estés en tu Reino", decía el buen ladrón en su última hora.

Acuérdate de mí, Señor, en mis últimos momentos.

Ayúdame en aquella hora por la fuerza de tus armas que son los Sacramentos.

Que desciendan sobre mí las palabras de la absolución.

Que el óleo sagrado me unja y me selle.

Que tu propio Cuerpo me alimente y que tu Sangre divina me lave.

Haz que María, mi Madre dulcísima, se incline sobre mí.

Que mi Angel de la Guarda pronuncie cerca a mis oídos palabras de paz.

Que mis santos patronos me sonrían.

Con ellos y por sus oraciones, dame, Señor, el don de la perseverancia.

Que, en fin, pueda morir, como he deseado vivir, en tu fe, en tu Iglesia, en tu servicio y en tu amor. Amén.

(Cardenal Newman)

Oración para alcanzar una buena muerte

Dios de bondad, Padre de misericordia y Dios de todo consuelo. Tú quieres que no perezca ninguno de cuantos creen y esperan en ti. En mi última hora apiádate de mí: que mi muerte sea un paso de este mundo a ti, Padre, que me has santificado. Concédeme, Trinidad Santísima, el eterno descanso en tu amor infinito. Amén.

Virgen María, Madre de Dios y Madre mía; en el momento de mi muerte, recomiéndame a tu Hijo Jesús. San José, protector de los moribundos, me confío a ti: tú que has muerto dulcemente en los brazos de Jesús y de María, asísteme en mi última hora. Amén.

ORACIONES POR LOS ENFERMOS

Oración por un enfermo

Señor Jesús, aquel (aquella) a quien amas está enfermo (a). Tú lo puedes todo; te pido humildemente que le devuelvas la salud.

Pero, si son otros tus designios, te pido le concedas la gracia de sobrellevar cristianamente su enfermedad.

En los çaminos de **Palestina tratabas** a los enfermos con tal delicadeza **que todos** venían a ti; dame esa misma dulzura, **ese tacto** que es tan difícil de tener cuando se está sano.

Que yo sepa dominar mi nerviosismo para no agobiarle; que sepa sacrificar una parte de mis ocupaciones para acompañarle, si es su deseo.

Yo estoy lleno de vida, Señor, y te doy gracias por ello. Pero haz que el sufrimiento de los demás me santifique, formándome en la abnegación y en la caridad. Amén.

Oración por un familiar enfermo

Señor, ya ves **nuestra situación. Estamos** tristes porque un ser querido está enfermo de gravedad. Te pedimos por él, **por todos** los que sufren a su alrededor. Pero queremos **vencer nuestro** egoísmo y orar por todos **los enfermos del mundo. Por los** enfermos de todos **los hospitales, aunque bien** atendidos, pero **que padecen solos, separados de** sus familias. Por **todos los operados, cuyo dolor** les es intolerable **al despertar. Por los niños** enfermos condenados **a arrastrar toda la** vida un cuerpo lacerado. **Por todos los ancianos tenidos** por incurables y **tratados como tales**.

Quisiéramos ser su portavoz cerca de ti, ofrecerte su sufrimiento e implorar tu misericordia por sus impaciencias, rebeldías, dudas y cobardías ante la vida.

Ayúdanos a hacernos cargo de la existencia, a ser útiles en la medida en que todavía podemos valernos, a aprovechar nuestras posibilidades humanas en favor de los demás. Enséñanos a todos a cumplir tu santa voluntad. Amén.

Oración por un niño enfermo

Señor, tú invitaste a los niños a venir hacia ti para poder poner tus manos sobre ellos y para bendecirlos.

Te suplicamos que extiendas ahora tu mano sobre este (a) niño (a) para aliviar su dolor, para librarlo (a) de todas sus dolencias.

Que tu misericordia le devuelva la salud del cuerpo y del alma, a fin de que, con corazón agradecido, pueda siempre amarte y servir siempre a su prójimo. Te lo pedimos a ti, que nos amas y vives por los siglos de los siglos. Amén.

Oración a la Virgen por los enfermos

Estad, Madre mía, a la cabecera de los enfermos,
de todos los que, en este momento, han perdido el conocimiento y van a morir,
de los que han comenzado ahora su agonía,
de los que han abandonado toda esperanza de curación,
de los que gritan y lloran de dolor,
de los que no pueden curarse por falta de medios
y tienen que estar inmóviles,

237

de los que tendrían que acostarse, y la necesidad
los obliga a trabajar,

de los que buscan vanamente en la cama una pos-
tura menos dolorosa,

de los que pasan noches interminables sin poder
dormir,

de aquellos a los que atormenta el pensamiento
de una familia en la miseria,

de los que tienen que renunciar a sus más queridos proyectos para el futuro,

y, sobre todo, de los que no creen en una vida mejor,

de los que se rebelan y maldicen a Dios,
de los que ignoran que Cristo sufrió como ellos...

(F. Lelotte)

Oración por un enfermo grave

Señor Jesucristo, Redentor de los hombres,
que en tu pasión quisiste soportar nuestros sufrimientos y aguantar nuestros dolores; te pedimos
por N., que está enfermo(a); tú que lo(a) has re-
dimido, aviva en él (ella) la esperanza de su salvación y conforta su cuerpo y su alma. Tú que vives
y reinas por los siglos de los siglos. Amén.

Oración por un moribundo

Señor, Padre de misericordia, Dios de toda
consolación, en la inmensidad de tu amor, mira a
este(a) hermano(a) nuestro(a) en su dolor. Por la
pasión y muerte de tu Hijo Unigénito concédele la

238

gracia del arrepentimiento y del perdón, para que en el camino de esta vida encuentre en ti un juez misericordioso. Y ya purificado(a) de toda mancha por la Sangre misma de tu Hijo, pueda así entrar en la vida eterna.

Clementísima Virgen, Madre de Dios, consoladora de los que sufren, intercede ante tu Hijo divino por èste(a) hermano(a) nuestro(a). Confórtalo(a) con tu maternal auxilio para que no tema las angustias de la muerte, sino que pase alegremente, guiado(a) por ti, a la patria de los bienaventurados.

A ti recurro, oh san José, protector de los moribundos, que a tu muerte estuvieron presentes Jesús y María. Por el amor que tenías a ellos, te pido por este(a) hermano(a) nuestro(a), que se encuentra en el momento de la agonía. Bajo tu protección, líbralo(a) de las insidias del enemigo, y libre ya de la muerte eterna, llegue a la gloria eterna. Amén.

Cristo no quiso salvar al mundo El solo; quiso asociar a esta gran empresa a todos los miembros de su Cuerpo: "Me alegro de mis padecimientos por vosotros, dice San Pablo, y suplo en mi carne lo que falta a las tribulaciones de Cristo por su Cuerpo que es la Iglesia" (Colosenses 1,24).

8. ORACIONES POR NUESTROS DIFUNTOS

Oración por un difunto

Dios nuestro, ante quien los muertos viven y en quien los santos encuentran la felicidad eterna, escucha nuestras súplicas por nuestro(a) hermano(a) N., que ha sido privado(a) de la luz de este mundo, y concédele gozar eternamente de la claridad de tu presencia. Por Cristo nuestro Señor. Amén.

Oración en el aniversario de un difunto

Al conmemorar el aniversario de la muerte de tu hijo(a) N., te pedimos, Señor, que derrames sobre él (ella) tu misericordia y le concedas participar del premio de tus elegidos. Por Cristo nuestro Señor. Amén.

Oración por el padre difunto

Dios nuestro, de quien procede toda paternidad en el cielo y en la tierra; acuérdate en tu misericordia de tu siervo N., que en el mundo ha sido padre amoroso con nosotros. Lleva su alma a la paz eterna y concédele allí el premio de su amor y abnegación.

Tú, Señor, ves el dolor de su esposa y la orfandad de sus hijos; te pedimos protejas a los que hemos quedado huérfanos en la tierra para que vayamos creciendo en cuerpo y alma. Por Cristo nuestro Señor. Amén.

Oración por la madre difunta

Señor Jesucristo, Hijo de Dios, que quisiste tener una madre en la tierra; mira con ojos de compasión a tu sierva N., a quien has llamado del seno de nuestra familia.

Bendice el amor que siempre nos tuvo en la tierra, y haz que, desde el cielo, pueda seguir ayudándonos. Toma bajo tu protección misericordiosa a nosotros a quienes ella ha tenido que abandonar en la tierra. Tú que vives y reinas por los siglos de los siglos. Amén.

Oración por el cónyuge difunto

Señor, ábrele los brazos de tu misericordia, a mi esposo(a) y confórtame con la firme esperanza de reunirme un día con el compañero (la compañera) de mi vida en la plenitud de tu amor eterno. Por Cristo nuestro Señor. Amén.

Oración por un hermano, o un pariente o bienhechor difuntos

Dios nuestro, fuente de perdón y de salvación, por medio de la Virgen María y de todos los santos, concede a mi hermano(a) N., (pariente N., bienhechor N.), que ha salido ya de este mundo, alcanzar la vida eterna. Por Cristo nuestro Señor. Amén.

Oración de los padres por un hijo difunto

Recibe, Señor, el alma de nuestro(a) hijo(a) que has querido llamar cerca de ti: con-

cédele que, libre de toda culpa, llegue a participar
de la vida eterna y de la luz que jamás terminará,
y pueda unirse a los santos y elegidos en la gloria
de la resurrección. Por Cristo nuestro Señor.
Amén.

Oración por un joven difunto

A ti, Señor, que eres el dueño de la vida humana, y quien dispone su término, te encomiendo a
N., cuya temprana muerte me aflige, para que su
juventud vuelva a florecer junto a ti, en tu casa y
para siempre. Por Cristo nuestro Señor.
Amén.

Oración por un niño difunto

Señor, tú que conoces la pena que me embarga
por la muerte de este(a) niño(a) N., anímame con
el pensamiento de que ya vive feliz, junto a ti, en
la gloria eterna. Por Cristo nuestro Señor.
Amén.

Oración por un difunto que ha padecido
una larga enfermedad

Señor y Dios nuestro, que concediste a nues-
tro(a) hermano(a) N., mantenerse fiel a ti en su
larga enfermedad y seguir el ejemplo de paciencia
de tu Hijo, concédele también alcanzar el premio
de tu gloria. Por Cristo nuestro Señor.
Amén.

Oración por un difunto que ha muerto en accidente o repentinamente

Señor, que tu infinita bondad nos consuele en el dolor de esta muerte inesperada e ilumine nuestra pena, con la firme confianza de que nuestro(a) hermano(a) N., vive ya feliz en tu compañía. Por Cristo nuestro Señor.
Amén.

Oración por las Benditas Animas del Purgatorio

Dios misericordioso, que nos perdonas y quieres la salvación de todos los hombres, imploramos tu clemencia para que, por la intercesión de María Santísima y de todos los santos, concedas a las almas de nuestros padres, hermanos, parientes, amigos y bienhechores, que han salido de este mundo, la gracia de llegar a la reunión de la eterna felicidad.

Santísima Virgen María, Reina del Purgatorio; vengo a depositar en tu Corazón Inmaculado una oración en favor de las almas benditas que sufren en el lugar de expiación. Dígnate escucharla, clementísima Señora, si es ésta tu voluntad y la de tu misericordioso Hijo. Amén.

María, Reina del Purgatorio, te ruego por aquellas almas por las cuales tengo o pueda tener alguna obligación, sea de caridad o de justicia.

Dios te salve María...

Dales, Señor, el descanso eterno. Y la luz perpetua les alumbre. Descansen en paz.
Amén.

María, Reina del Purgatorio: te ruego por las almas más abandonadas y olvidadas y a las cuales nadie recuerda; tú, Madre, que te acuerdas de ellas, aplícales los méritos de la Pasión de Jesús, tus méritos y los de los santos, y alcancen así el eterno descanso.

Dios te salve María...

Dales, Señor, el descanso eterno. Y la luz perpetua les alumbre. Descansen en paz.
Amén.

María, Reina del Purgatorio: te ruego por aquellas almas que han de salir más pronto de aquel lugar de sufrimientos, para que cuanto antes vayan a cantar en tu compañía las eternas misericordias del Señor.

Dios te salve María...

Dales, Señor, el descanso eterno. Y la luz perpetua les alumbre. Descansen en paz.
Amén.

María, Reina del Purgatorio: te ruego de una manera especial por aquellas almas que han de estar más tiempo padeciendo y satisfaciendo a la divina Justicia. Ten compasión de ellas, ya que no pueden merecer sino sólo padecer; abrevia sus penas y derrama sobre estas almas el bálsamo de tu consuelo.

Dios te salve María...

Dales, Señor, el descanso eterno. Y la luz perpetua les alumbre. Descansen en paz. Amén.

5. María, Reina del Purgatorio: te ruego de un modo especial por aquellas almas que más padecen. Es verdad que todas sufren con resignación, pero sus penas son atroces y no podemos imaginarlas siquiera. Intercede Madre nuestra por ellas, y Dios escuchará tu oración.

Dios te salve María...

Dales, Señor, el descanso eterno. Y la luz perpetua les alumbre. Descansen en paz. Amén.

Oración

Virgen Santísima, te pido que, así como me acuerdo de las benditas almas del Purgatorio, se acuerden de mí los demás, si he de ir allá a satisfacer por mis pecados. En ti, Madre mía, pongo toda mi confianza de hijo, y sé que no he de quedar defraudado.
Amén.

Acto heroico de caridad
por las Benditas Almas del Purgatorio

Dios mío, para tu mayor gloria y por los méritos de Jesús y de María, te ofrezco y cedo por las almas del Purgatorio la parte satisfactoria de todo el bien que haga y de cuantos sufragios reciba después de mi muerte. Dispón de todo según tu santa voluntad.

Devoción de los cien Requiem

Este piadoso ejercicio, en sufragio de las Almas del Purgatorio, se compone de diez Padrenuestros y de cien Requiem. (Dales Señor, el descanso eterno). Se puede usar un Rosario y pasarlo dos veces, diciendo en cada misterio:

Un Padre nuestro.

La invocación: "Jesús mío, ten misericordia de las Almas del Purgatorio, especialmente del alma de N., o bien del alma más olvidada".

Diez veces la jaculatoria: "Dales, Señor, el eterno descanso. Y la luz perpetua les alumbre. Descansen en paz. Amén.

"Yo soy la resurrección y la vida. El que cree en mí, aunque muera, vivirá, y todo el que vive y cree en mí, no morirá para siempre" (Juan 11,25).

---

3. ORACION DEL MEDIODIA

4. ORACION DE LA TARDE

5. ORACIONES DE LA NOCHE

6. ORACIONES ANTES DE DORMIR

II. ORACIONES DE LA FAMILIA

1. ORACIONES DEL HOGAR

3. ORACIONES POR LAS VARIAS NECESIDADES SOCIALES

III. DEVOCIONES DEL CRISTIANO

1. A LA SANTISIMA TRINIDAD

2. A DIOS PADRE

6. A LOS ANGELES Y A LOS SANTOS

IV. ORACIONES DE LOS SACRAMENTOS DE LA VIDA CRISTIANA

1. EL SACRAMENTO DEL BAUTISMO

4. EL SACRAMENTO DE LA RECONCILIACION

ORACIONES PARA ANTES DE LA CONFESION

EXAMEN DE CONCIENCIA

ACCION DE GRACIAS DESPUES
DE LA CONFESION

5. EL SACRAMENTO DEL MATRIMONIO

6. EL SACRAMENTO DEL ORDEN

7. SACRAMENTO DE LA UNCION DE LOS ENFERMOS

ORACIONES DEL ENFERMO

ORACIONES POR LOS ENFERMOS

8. ORACIONES POR NUESTROS DIFUNTOS

Se terminó de imprimir en los talleres de
**EDICIONES PAULINAS, S. A. de C. V. - Av.
Taxqueña No. 1792 - Deleg. Coyoacán - 04250
México, D. F., el 12 de Febrero del 2004. Se impri-
mieron 20,000 ejemps. más sobrantes para reposición.**